応仁の乱

人物データファイル120

陰謀と複雑に錯綜する戦いの軌跡を
関係人物120人の生涯から読み解く！

目次

本書について：本書の文中における戦乱の解説や各人物の身分・肩書、その他語句の説明については諸説あります。今後の最新の歴史研究によっては解釈が異なってくる場合もあります。

国際日本文化研究センター助教
『応仁の乱』（中公新書）著者
呉座勇一《ござ・ゆういち》氏

英雄不在の戦い「応仁の乱」を駆け引きで生き抜いた武将にこそ現代人が学ぶべきヒントがある！

拙著『応仁の乱』は、二〇一七年六月末現在、おかげさまで三十八万五千部という異例の売り上げを記録しています。応仁の乱に限らず、室町時代というのは歴史好きの間でもあまり人気のない時代でした。歴史学界においても、他の時代に比べれば研究者の層も薄かった。もともと私が室町時代を研究対象としたのも、研究者の数が少なく、まだ活躍できる余地があるかも、と思ったからです。

それにしても、ここしばらく歴史ものの出版界は「室町ブーム」と言ってもよい状況ではないでしょうか。明治大学教授の清水克行さんあたりがその先駆けとなったように思いますが、室町時代の人物を取り上げた評伝が次から次へと刊行されるなど、私が研究の世界に入った十数年前からすれば、信じられないような状況です。

しかし人気の時代に比べれば、まだまだ出版物の点数は少ない。戦国時代を例に挙げれば戦国合戦の図解本、戦国武将の人物事典、その他、数えきれないほどの書籍や雑誌の特集が書店に並んでいます。室町時代でそういう状況はちょっと想像できない。ファンにしても、増加率はともかく総数は戦国時代ファンに遠く及ばないでしょう。それはなぜか。現代人が感情移入したり、生き方の指針や手本にしたりしたくなるような"英雄"的な人物（キャラクター）が少ないからです。

これは『応仁の乱』関係のインタビュー取材などで何度もお話ししたのですが、応仁の乱は複数の要因が絡み合って半ば偶発的に勃発していますし、救世主も大悪党も登場しません。足利義政にしても、細川勝元、山名宗全といった東西両軍の代表にしても、応仁の乱の首謀者とは言えないし、終戦の功労者とも言えない。もちろん当人たちは戦乱の早期終結を目指しましたが、ことごとく目論見がはずれて失敗しています。

つまり、応仁の乱は誰も状況を制御できなかったという「英雄不在」の戦乱なので

「顔見知りの大名の〝駆け引き〟が応仁の乱！」

す。だからこそ応仁の乱の関連人物を網羅的に紹介する本が今まで出なかったわけで、本書の刊行は画期的ですね。

応仁の乱の主要な登場人物――とくに守護大名クラスの人物を戦国大名と比べてみると、明らかな違いがあります。戦国大名は、基本的には領国の唯一の支配者です。行政・司法・立法といった支配権をすべて把握し、地域を一元的に支配していました。それぞれが独立した絶対君主のようなものですから、戦国大名同士が互いの領国を行き来することは、日常的にはまずありませんでした。

甲斐の武田信玄、相模の北条氏康、そして駿河の今川義元が「甲相駿三国同盟」を結ぶため、一堂に会したという「善徳寺会盟」の逸話があります。ＮＨＫ大河ドラマ「武田信玄」でも描かれていましたが、あれはまったくのフィクション。天下統一期に至るまで、戦国大名同士が顔見知りということはまずなかったのです。

ところが応仁の乱を戦った守護大名クラスの大半は、乱が始まるまでは京都で将軍に仕え、相互に交流する〝顔見知り〟でした。したがって応仁の乱は、顔見知りの大名が権謀術数を巡らして駆け引きをするというものでした。

戦国大名同士の戦争は、国境をめぐる領土紛争が多く、領土の喪失は絶対君主の沽券に関わりますので、激しい殺し合いにエスカレートすることがあります。いっぽう、応仁の乱では、主要な大将クラスで戦死した人は一人もいません。一時的に敵対関係になっても本来は顔見知りなので、相手の命を奪うまで戦う、という発想に至らなかったのです。その分、裏で足を引っ張るといった陰険な戦いになるわけですが。

もし現代人が、自らの身を歴史上の人物になぞらえて何ごとかを学ぶとしたなら、どちらが相応しいか。現代のビジネスマンも派閥抗争という〝戦い〟とは無縁ではないでしょうが、顔を見たこともない人間と戦うことはほとんどないでしょうし、相手を殺すまで戦うこともありません。殺し合いも辞さない戦国大名と駆け引き中心の応仁の乱の武将たち、どちらに学ぶべきかは明らかではないでしょうか。

「戦国武将に学ぶ現代ビジネスマンの生き方」を謳った本はいくらもありますし、雑誌の特集でもよく見かけます。せっかく「室町ブーム」に続いて応仁の乱への注目が高まったのですから、ぜひ今後は、本書で取り上げたような人物にも注目してもらいたいですね。

（談）

応仁の乱により変容した守護勢力

1467年
応仁の乱
以前

解説 応仁の乱以前の守護勢力

室町幕府は、将軍と有力な守護大名によって運営される連合体と言える。この図は、幕府の政治を統括する「管領」を務める三家（畠山・斯波・細川）と、広範な領域を支配する有力守護大名（山名・大内・赤松）を中心に、守護大名の支配する領国を色分けしたものである。応仁の乱勃発の前段階では、西国の大半を細川・山名という両巨頭が分割統治し、1441年の嘉吉の乱で衰退した赤松氏の領国（播磨・美作・備前）などが地図上に存在しないことが特徴的である。

解説　応仁の乱以後の守護勢力

　応仁の乱後の守護大名の勢力分布をみると、1477年に京都から本国へと帰還した大内氏や幕府の中心にあり続けている細川氏の所領がほとんど変化していないにもかかわらず、山名氏や斯波氏の所領が減っていることがよくわかる。応仁の乱という「内乱」を経て、朝倉氏など、後に戦国大名化する在地勢力が力を延ばし、旧来の守護大名の領域を侵しつつあることが見て取れる。赤松氏の「復活」も印象的である。

応仁の乱
争乱ファイル
01

応仁の乱 大要

日本史上最大の内乱と呼ばれる応仁の乱の「あらまし」を解説。なぜ乱は起き、なぜ長引き、どうやって終焉したのか。従来の通説を塗り替える新しい応仁の乱像を提示する。

室町時代、京都で勃発した応仁の乱は、やがて全国に飛び火し、日本中を巻き込む大乱となった。一四六七（応仁元）年に始まった戦乱は、一四七七（文明九）年まで

【応仁の乱開戦時の人間関係図】

	西軍		東軍
足利将軍家	日野富子・義尚	義政（当初中立）	義視
幕府権力者	山名宗全		細川勝元
管領畠山家	畠山義就		畠山政長
管領斯波家	斯波義廉		斯波義敏

続いたため、応仁・文明の乱ともいわれる。

なぜこのような大乱になってしまったのか。その原因を一言で言うのは難しい。だが、室町幕府八代将軍足利義政《よしまさ》の後継者問題が理由のひとつであるのは事実だろう。男子を持たなかった義政は、僧侶となっていた弟を還俗《げんぞく》させて義視《よしみ》と名乗らせ、次期将軍の座を約束した。しかしその後、正室の日野富子《とみこ》との間に男子（のちの義尚《よしひさ》）が生まれたため、義尚を次の将軍につけようという勢力が現れ、義視を支持する勢力との間に対立が生じたのだ。義尚の生母・富子は、有力大名のひとり山名宗全《そうぜん》を頼り、いっぽうの義視は幕府の管領《かんれい》を務める実力者、細川勝元《かつもと》と近い関係にあり、その双方が東西に分かれて戦ったのだ。

しかし、応仁の乱が勃発してから一年ほどで、義視は将軍義政や細川勝元との関係が悪化したため、宗全が率いる西軍に参加。「新将軍」を称し、義政の幕府に対して「西幕府」を開いたとも言われている。

さらに畠山家の家督争い、細川勝元と山名宗全の勢力争いなど、さまざまな要因が複雑に絡まり合うなか、将軍義政は積極的に戦乱を収める対策を実行できず、場当たり的な処置にとどまったため、戦乱は日本史上最大の大乱に発展してしまったのだ。

その後、一四七三（文明五）年に宗全、勝元が相次いで死去。義政が隠居して将軍を義尚に譲ったことで戦いは収束に向かい、翌一四七四（文明六）年に東西両軍の和睦が成立した。この戦いを機に、それまで京都に在住していた守護大名たちは全国の領地に散らばり、室町幕府の政治体制は解体への道をたどることになる。

嘉吉の乱とは

争乱 DATA

主な戦場　山城（京都府）、播磨（兵庫県）、美作・備前（岡山県）

関係人物　【主な人物】足利義教、赤松満祐【その他人物】細川持之、畠山持永、山名持豊、一色教親、細川持常、京極高数、大内持世、山名熙貴、細川持春、赤松教康、安積行秀、赤松満政ほか

争乱期間◆一四四一年

応仁の乱の二十五年前、室町幕府の根幹を揺るがす大事件が起きている。六代将軍足利義教《よしのり》が、家臣の赤松満祐《みつすけ》に殺害されたのだ。一四四一（嘉吉元）年に起きたこの事件を、嘉吉《かきつ》の乱（変）と呼ぶ。

四代将軍足利義持《よしもち》は、息子の義量《よしかず》にいったん将軍を譲ったものの、義量が早世してしまったため、再び将軍職に就いた。その義持も、ついに一四二八（正長元）年に亡くなるが、後継者を指名することなく没したため、四人いた義持の弟のなかから「くじ引き」で次期将軍を選ぶことなり、選ばれたのが義教だった。出家の身であった義教は当初、将軍となることに難色を示したが、いったん将軍となると政治に意欲的に取り組み、将軍権力を強化するさまざまな手を打った。

まず、幕府の意向に従わない鎌倉公方《くぼう》足利持氏《もちうじ》を武力討伐し（永享の乱）、さらに持氏の遺児を討った（結城合戦《ゆうきかっせん》）。義教は他にも各地の守護大名や公家に対し統制を強め、恐怖政治を行ったとされている。

播磨《はりま》（兵庫県南西部）・美作《みまさか》（岡山県東北部）の守護赤松満祐は、こうした義教の苛烈な政治に恐怖を感じ、先手を打って暗殺に及んだのだ。しかし、やがて幕府が派遣した討伐軍が満祐を討ち、嘉吉の乱は収束した。

これを機会に室町幕府と将軍の権威は一気に低下し、のちの応仁の乱へとつながる混乱を招いたのである。

【赤松満祐の領国図】

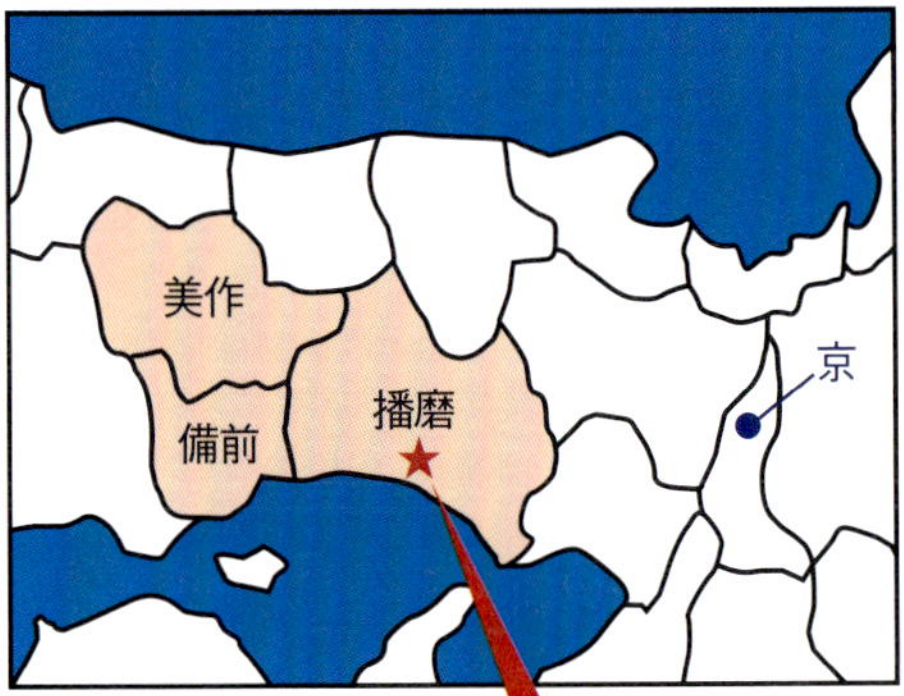

足利義教（模写。東京大学史料編纂所蔵）

文正の政変とは

争乱DATA

主な戦場
山城（京都府）

関係人物
【足利義政方】伊勢貞親、季瓊真蘂、斯波義敏ほか
【足利義視方】細川勝元、山名宗全ほか

争乱期間◆一四六六年

「応仁の乱 大要」で触れたように、男子のいない足利義政《よしまさ》は、弟を還俗《げんぞく》させ、足利義視《よしみ》と名を改めさせたが、その翌年一四六五（寛正六）年、義視が元服した三日後に、日野富子《とみこ》は男子義尚《よしひさ》を出産した。

義尚の養育係となったのは、将軍義政の側近である伊勢貞親《さだちか》だった。この貞親と臨《りん》済《ざい》宗の僧季瓊真蘂《きけいしんずい》は、ともに義政のブレーンとして権力を握っていた。いっぽう、守護大名のなかでは細川勝元《かつもと》と山名宗全《そうぜん》の二人が、最大の実力者として君臨していた。義視が後ろ盾としたのは、細川勝元だった。

伊勢貞親と季瓊真蘂は、義視を排除して、まだ幼い義尚を次期将軍にしようと企んだ。そして勘合貿易の利権をめぐり細川勝元と対立していた大内政弘《まさひろ》を味方に引き入れ、さらに斯波《しば》氏の内紛で失脚していた斯波義敏《よしとし》を引っ張り出し、斯波氏の家督を継がせて管領《かんれい》の座につけるという行動をとった。当然、細川・山名の両者はこれに反発し、一触即発の緊張関係となる。

一四六六（文正元）年九月五日、伊勢貞親はついに義視に謀反の嫌疑をかけて殺害を謀る。義視は危うく難を逃れ、細川と山名を頼った。細川・山名らは将軍義政に抗議し、貞親と季瓊真蘂は失脚を余儀なくされた。この文正の政変によって側近を失った義政は、政治に対する意欲を失っていったという。

【文正の政変・人間関係図】

かつて季瓊真蘂が軒主を務めた蔭凉軒があった相国寺の総門（京都市上京区）

上御霊社の合戦とは

争乱DATA

主な戦場	山城（京都府）
関係人物	【畠山政長方】細川勝元、京極持清、赤松政則、遊佐氏ほか 【畠山義就方】山名宗全、斯波義廉、一色義直、朝倉孝景ほか

争乱期間◆一四六七年

文正の政変では細川勝元《かつもと》と共同歩調を取っていた山名宗全《そうぜん》だが、次第に細川一派との対立を深めていた。そして、武力による事態の打開を目指し、畠山家の家督相続争いにおける一方の当事者、畠山義就《よしひろ》に上洛を呼びかけ、戦闘の準備を整えた。義就と家督を争っていた畠山政長《まさなが》は細川勝元を後ろ盾としていたので、当然の対応であった。

一四六六（文正元）年十二月二十六日、八代将軍足利義政《よしまさ》の許可を得ずに上洛した畠山義就は、京都北部の千本釈迦堂《せんぼんしゃかどう》に陣を布いた。これに対抗する畠山政長は、赤松政則《まさのり》や六角政高《ろっかくまさたか》とともに自邸に立てこもり、防備を固めた。将軍義政は、いったんは政長を支持するそぶりを見せたが、年が明けて一四六七（応仁元）年の正月には恒例の政長邸訪問をキャンセルして将軍御所で義就と対面。さらに政長の役職を取り上げ、屋敷を義就に引き渡すよう命じるという無節操な行動に出た。義就を支持する山名方は勢いづき、将軍御所（花の御所）を占拠して足利義視らの身柄を押さえた。行き場を失った政長は、自邸に火を放ち上御《かみご》霊社《りょうしゃ》に布陣。

将軍義政は細川・山名に対し、畠山家の戦いに介入しないよう命じた。細川勝元は命令に従ったが、山名宗全は斯波義廉《しばよしかど》らとともに畠山義就に加勢した。同年一月十八日夕刻、畠山両軍は衝突。敗れた政長は細川勝元邸に身を寄せて難を逃れた。応仁の乱の緒戦は西軍の勝利に終わったのだ。

上御霊社（御霊神社。京都市上京区）

【上御霊社の合戦布陣図】

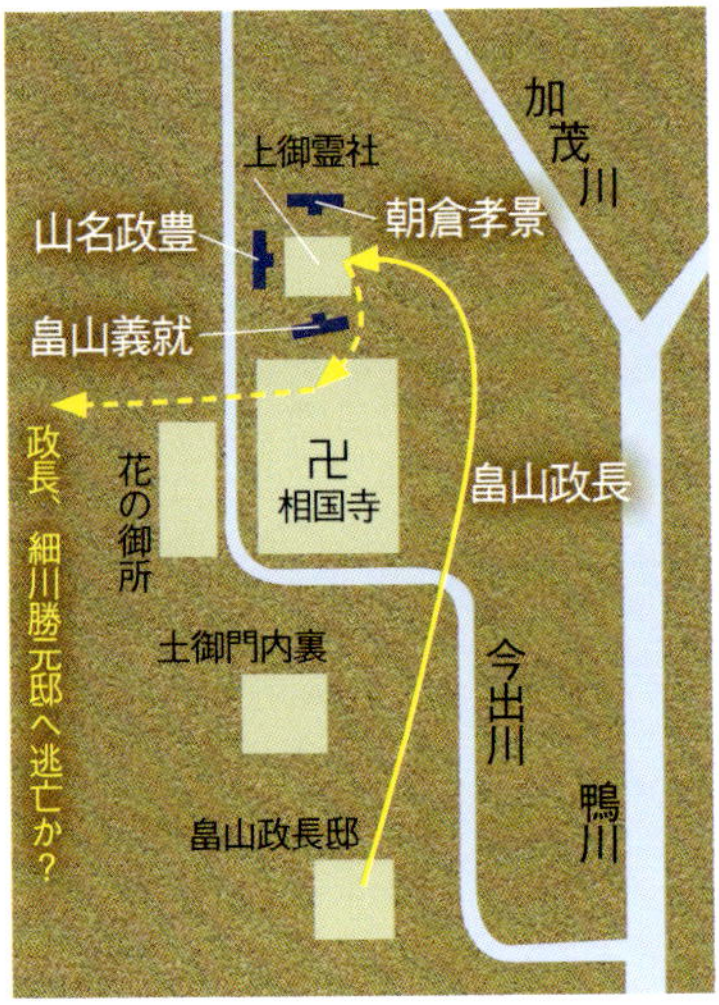

洛北の合戦とは

争乱期間◆一四六七年五月二十六日～二十七日

争乱DATA

主な戦場
山城（京都府）

関係人物
【細川方】細川勝元、細川成之、赤松政則、京極持清ほか
【山名方】山名宗全、山名教之、一色義直、斯波義廉ほか

上御霊社《かみごりょうしゃ》の戦いは山名方の勝利に終わり、八代将軍足利義政《よしまさ》の命令を真に受けて援軍を送らなかった細川勝元《かつもと》は面目を失った。名誉挽回を目指す勝元は、領国から軍勢を呼び寄せ、将軍御所に集結させた。

山名・細川の緊張関係が高まるなか、文正から応仁へと改元。一四六七（応仁元）年五月、細川一門の細川成之《しげゆき》と武田信賢《のぶかた》が山名方の一色義直《いっしきよしなお》の邸宅を襲撃して焼き払った。いっぽう、山名宗全《そうぜん》の屋敷に結集した山名方は、細川方の赤松氏や京極持清《もちきよ》の軍勢を打ち破り、細川一門の細川勝久《かつひさ》の屋敷に攻めかかった。細川一門の劣勢を知った京極持清らは反転攻勢を狙い救援に向かうが、これを山名方の斯波義廉《しばよしかど》の家臣団が迎え撃つという乱戦模様となった。

京極勢は戦いの不利をさとり、細川成之邸に避難を図るが、途中、狭い一条戻り橋を渡ろうとして多くの兵が馬もろとも橋から堀川に落下して命を落とすという凄惨な事故も起きた。

いっぽう、細川方の赤松政則が斯波義廉の軍勢に攻勢をかけると、そのすきに細川勝久は細川成之の屋敷に逃げ込んだ。すると、今度は山名方が細川勝久の屋敷に火を放ち、細川成之の屋敷にも攻めかかる。乱戦が続くなか、京の各地に火の手が上がり、町は炎に包まれたという。戦いは細川方がやや優勢のかたちで休戦状態に入った。

【洛北の合戦布陣図】

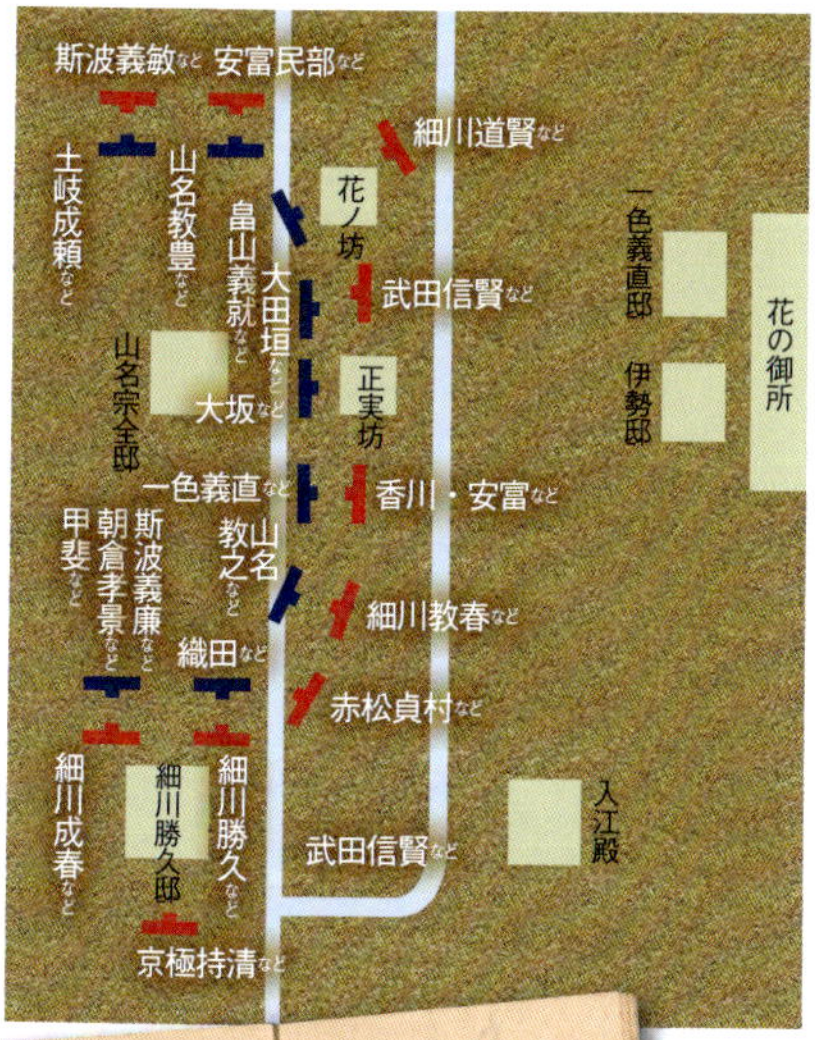

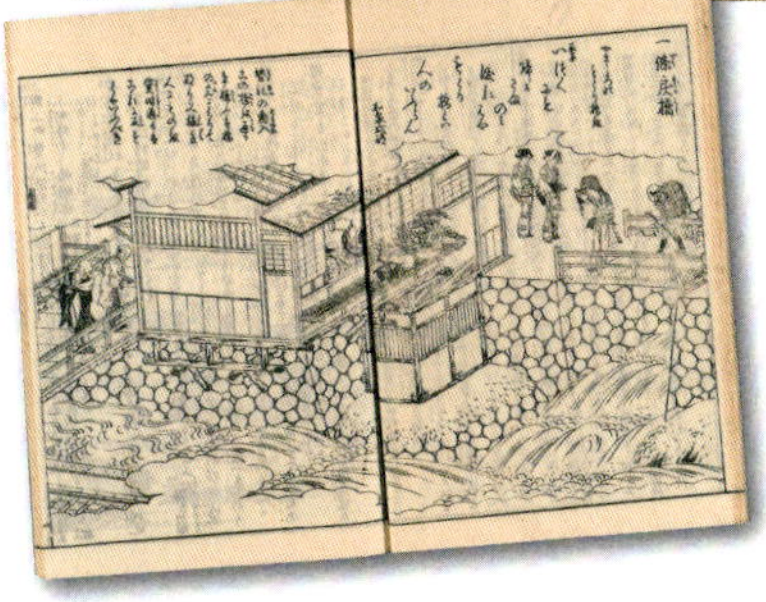

『都名所図会』に描かれた一条戻橋（国立国会図書館蔵）

東岩倉の合戦とは

争乱期間◆一四六七年九月十八日〜十月二日

争乱DATA

主な戦場

山城（京都府）

関係人物

【東軍】足利義政、細川勝元、畠山政長、京極持清ほか

【西軍】山名宗全、斯波義廉、畠山義就、大内政弘ほか

洛北の戦いの直後、細川勝元《かつもと》は局外中立を堅持しようとする八代将軍足利義政《よしまさ》に対し、細川方を支持して山名方の討伐を命じるよう強要した。これにより、将軍の命を受けた細川方が、山名方を「討伐」するという体裁が整えられた。そして、将軍義政が中立の立場を失ったため、戦いの調停が可能な存在がいなくなってしまった。

討伐の対象とされた山名宗全《そうぜん》だが、その戦意は衰えることなく、全国から次々と軍勢を上洛させ、細川方に対抗する姿勢を示した。

山名方は京都の西方に布陣したため「西軍」と呼ばれ、細川方はより東に位置する将軍御所付近に陣をおいたため「東軍」と呼ばれるようになる。西軍の主力は山名一族と斯波義廉《しばよしかど》、畠山義就《よしひろ》。東軍の主力は細川一門と京極持清《もちきよ》、畠山政長《まさなが》だった。

いったんは劣勢に立った西軍だが、八月に入り、宗全の招きを受けた周防《すおう》（山口県東部）の実力者大内政弘《まさひろ》が数万の軍勢とともに上洛し、形勢は混沌としてくる。九月に入り、畠山義就は上洛してきた朝倉孝景《たかかげ》（敏景《としかげ》）らと連携して東軍に攻勢をかける。すると東軍の秋庭元明《あきばもとあき》と赤松政則《まさのり》が洛東の東岩倉に兵を進め、南禅寺《なんぜんじ》の裏山に布陣した。これを察知した西軍が襲撃し、岩倉・南禅寺付近で激戦となった。この東岩倉の戦いで、南禅寺や真如堂《しんにょどう》など洛東《らくとう》の名刹《めいさつ》が焼失してしまう。

南禅寺とその背後に見える
南禅寺山（京都市左京区）

【東岩倉の合戦展開図】

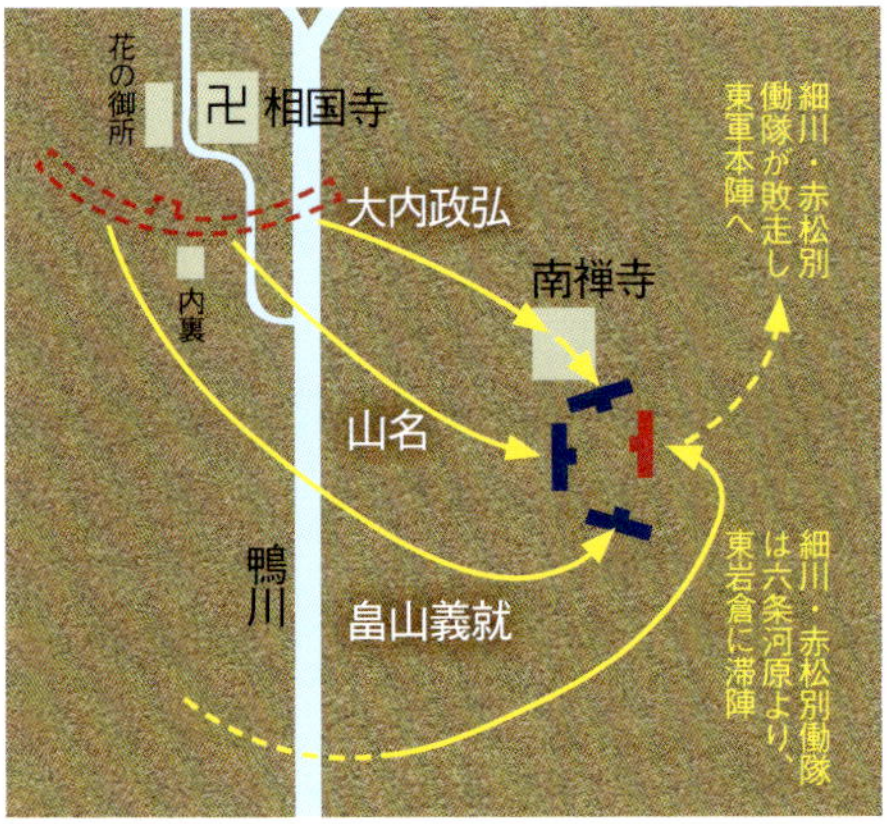

応仁の乱
争乱ファイル
07

相国寺の合戦とは

争乱期間◆一四六七年十月三日〜十月四日

争乱DATA

主な戦場
山城（京都府）

関係人物
【東軍】細川勝之、京極持清、武田信賢、畠山政長ほか
【西軍】畠山義就、朝倉孝景、六角高頼、一色義直ほか

東岩倉の戦いのころから、八代将軍足利義政《よしまさ》は畠山家の家督を争う義就《よしひろ》と政長《まさなが》との和睦を図ったが、すでに東西両陣営の武力抗争は、簡単には収束できない段階にきていた。一四六七（応仁元）年十月になると、西軍は義政の和睦勧告を無視し、東軍を京都の東北隅に追い詰める形となった。西軍の畠山義就や朝倉孝景《たかかげ》は東軍の武田信賢《のぶかた》が陣を構える相国寺《しょうこくじ》を包囲。最後は相国寺を焼き討ちにし、武田勢を退却に追い込んだ。また、山名勢も将軍御所を包囲し、東軍は絶体絶命の危機に陥った。

三日間燃え続けた相国寺はほぼ全焼。将軍御所も半焼した。相国寺の焼け跡には西軍の六角高頼《ろっかくたかより》、一色義直《いっしきよしなお》らが布陣した。追い詰められた東軍は、畠山政長率いる精鋭約三千を相国寺に派遣し、西軍に奇襲をかけた。一色勢はパニック状態となり、死者は六百人に及んだという。激闘の末、畠山政長は相国寺奪還に成功したが、今度は西軍の朝倉孝景と古市胤栄《ふるいちいんえい》らが相国寺に攻めかかり、再びこれを占領してしまう。

応仁の乱で屈指の激戦だったとされる相国寺の戦いによって、劣勢だった西軍は勢いを取り戻したものの、ついに東軍に決定的な打撃を与えるには至らなかった。そして、これ以後、京都市中での大規模な戦いは起きることなく、戦乱は徐々に地方へと広がっていった。

【相国寺の合戦布陣図】

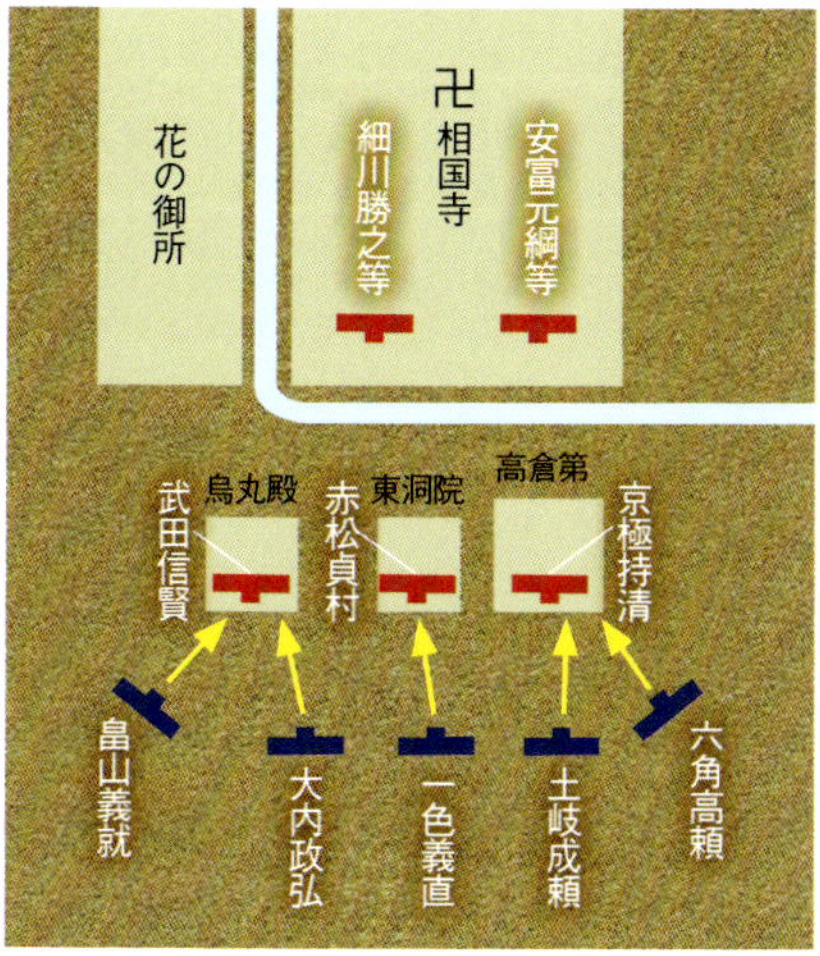

焼失した相国寺の石垣（京都市上京区）

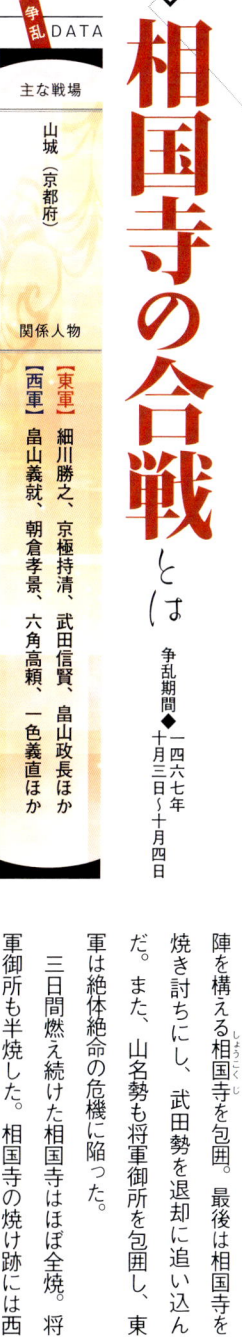

河内攻防戦とは

争乱期間◆一四七七年〜一四八二年

争乱DATA

主な戦場
山城（京都府）、摂津（兵庫県、大阪府）、河内、和泉（ともに大阪府）

関係人物
【畠山政長軍】遊佐長直、細川政元ほか
【畠山義就軍】越智氏、古市氏ほか

全国に波及した応仁の乱は、一四七二（文明四）年頃から厭戦気分が広がり、和平が模索され始めた。細川勝元《かつもと》、山名宗全《そうぜん》という両軍の総帥も、和平交渉に乗り気だったが、赤松政則《まさのり》らの反対でとん挫。落胆した宗全は切腹を図り、勝元も髷《まげ》を切って出家しようとしたともいわれる。

翌一四七三（文明五）年、宗全と勝元が相次いで病没。その後も和平への機運は高まりながらも対立は続いた。一四七七（文明九）年、開戦当初から一貫して「主戦派」だった畠山義就《よしひろ》と政長《まさなが》が、京都から兵を引き、河内《かわち》（大阪府東部）へ引き上げた。

こうして応仁の乱の主戦場は河内へと移っていった。義就は若江城《わかえ》（大阪府東大阪市）をはじめとする、政長方の城を次々と攻略し、政長方の遊佐長直《ゆさながなお》を敗走させることに成功。河内はほぼ義就の支配下に入る。

一四七八（文明十）年には、足利義視《よしみ》が兄の足利義政《よしまさ》と和睦し、応仁の乱が終結。しかし、両畠山の抗争は終わらない。一四八二（文明十四）年には政長と、細川勝元の後継者政元《まさもと》の連合軍が義就を討つため河内に出陣。義就は政元と単独で講和するが、政長は納得せず、義就との戦いは続く。しかし、戦いは終始、義就が優勢で、政長は京都へ引き上げざるを得なくなる。こうして両畠山の戦いは、義就が一応の勝利を収める形で終止符が打たれたのだった。

若江城跡（東大阪市）

【河内攻防戦における両軍の展開図】

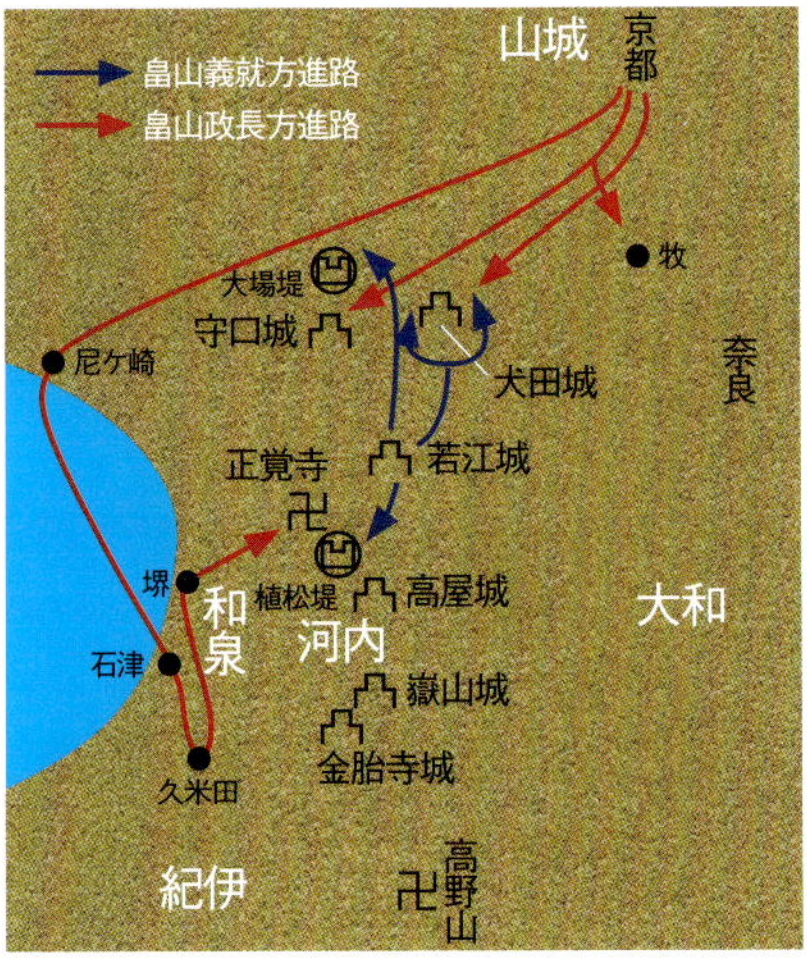

応仁の乱
争乱ファイル
09

応仁の乱の終結

～戦国時代の幕開け～

十一年に及び、京都の町を戦火に包んだ応仁の乱も、ようやく終焉のときを迎えた。諸大名たちは本国に引き上げ、幕府に頼らず自立した地域領主への道を歩みだす。それは戦国時代への助走期間だった。

【応仁の乱による京都の焼失地域】

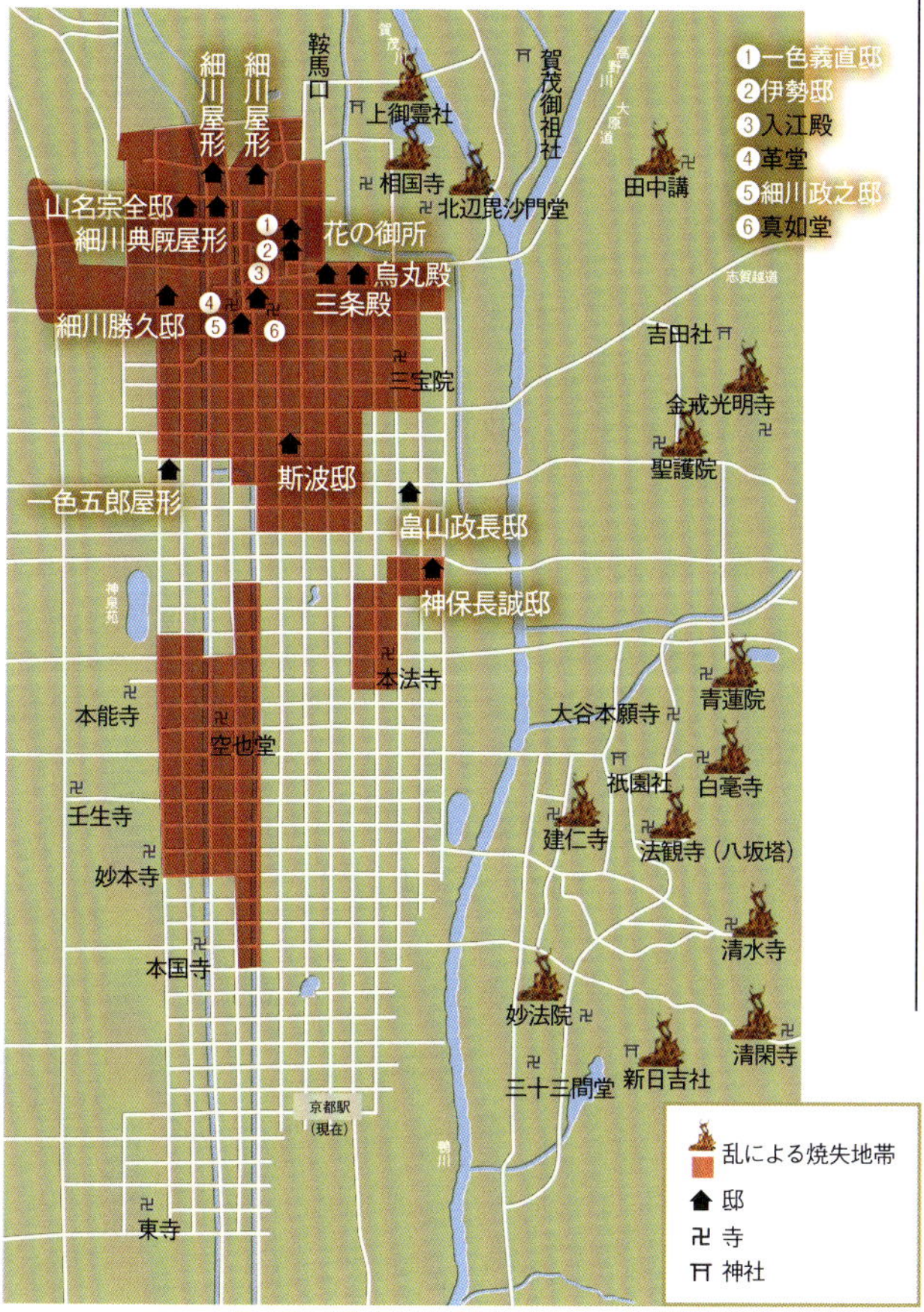

八代足利義政《よしまさ》は一四七三（文明五）年に将軍職をわずか九歳の長男義尚《よしひさ》に譲っていた。翌年、山名宗全《そうぜん》と細川勝元《かつもと》それぞれの後継者である山名政豊《まさとよ》と細川政元《まさもと》の会談が実現し和睦が成立した。しかし、それは山名家と細川家の単独講和であり、西軍・東軍ともに、和睦に納得しない武将たちは臨戦態勢を解かなかった。

そして一四七七（文明九）年になると、重要人物の一人である大内政弘が幕府に降伏して本国へと引き上げ、同じく西軍の諸大名はこぞって京都の陣を引き払い、本国へと帰って行った。行き場を失った足利義視は、土岐氏を頼って美濃《みの》（岐阜県南部）へと下り、これをもって応仁の乱は終結し、京都市中には平穏な日々が甦った。十一年に及ぶ戦乱で京都は焼け野原となり、人口も大幅に減少した。しかし、地方へと散らばった大名たちは、京都の先進文化を地方に移植し、のちの戦国時代に花開く地域の発展を準備したのである。

第1部 首脳陣編

戦乱を招いた首脳陣、それぞれの事情

応仁の乱を起こしたのはだれか。なぜ大乱を招いてしまったのか。戦いの端緒となった京都での大乱には、室町幕府首脳陣をはじめとする、京都の貴顕が関わっていた。彼・彼女らの動きと人物像を見直すことで、応仁の乱が起きた背景を明らかにする。

将軍後継者争いだけでない対立の図式

従来、**応仁の乱**の原因として語られていたのは、将軍の後継者争いだった。室町幕府八代将軍の足利義政《よしまさ》には男子がいなかったため、弟の義視《よしみ》を後継者に擬していたのだが、そののち、正室の日野富子との間に男子（のちの足利義尚《よしひさ》）が誕生した。富子は我が子を次期将軍にしようと画策し、有力な大名である山名宗全《そうぜん》を味方につけ、義視とその後ろ盾となっていた細川勝元《かつもと》のグループと対立。**応仁の乱**の勃発につながった――。という流れである。

しかし、現在ではこうした見方は見直されつつある。もちろん、将軍の後継者争いも幕府政治を乱し、争乱へとつながる「要因のひとつ」ではあっただろう。しかし、決してそれが主要因ではなかったというのが、現在の通説となっている。

応仁の乱の火ぶたを切ったとされているのは、一四六七（応仁元）年一月十八日未明に起きた、**上御霊社《かみごりょうしゃ》の合戦**である。この戦いは、幕府の管領《かんれい》（室町幕府の要職）を務める三家のひとつ、畠山家の家督争いが直接の原因だった。足利義政政権初期の管領を務めた畠山持国《もちくに》の後継ぎをめぐり、持国の側室の子である義就《よしひろ》と、持国の甥にあたる弥三郎《やさぶろう》の間に対立が起きたのは、一四五四（享徳三）年にさかのぼる。弥三郎が病死したため、家督争いは決着するかにみえたが、弥三郎を推していた畠山家中のグループがその弟政長を押し立て、義就との対立を深めた。この畠山家の後継者争いに、山名宗全ら有力者が加わったため、**上御霊社の**

上御霊社の戦いの戦場となった御霊神社。鳥居脇に「応仁の乱勃発地」の碑が建つ（京都市上京区）

合戦が起きたわけだ。

たしかに開戦当初、山名宗全（西軍）と細川勝元（東軍）という対立の図式は成立していた。足利義視は細川勝元の庇護を受けていたし、足利義尚を推す日野富子が山名宗全を頼り、それぞれの陣営にくみする大名たちが京都市中で戦いを繰り広げた。しかし、開戦から一年半ほどすると、義視は宗全率いる西軍に身を投じて西軍の大将となってしまった。こうなると、もはや当初の「図式」は用をなさない。

東京大学史料編纂所准教授の末柄豊氏によれば、当時の室町幕府が、細川と山名という有力者が対立し、二分されていたという見方も正しくないという。細川勝元と反細川派が対立していたところ、幕府政治の主導権を握ろうとする山名宗全が反細川派に加担したことが、**応仁の乱**を招いた最大の原因だったと末柄氏は指摘している。

幕府・朝廷の首脳陣は何をしていたのか

そうなると、乱を引き起こした政治情勢を考える上で、東軍と西軍の対立という図式にだけとらわれるのでは、**応仁の乱**を正しく理解することはできないだろう。

幕府を運営していた首脳陣や朝廷の関係者が、果たしてどのような動きを見せ、どのような役割を担っていたのかを、**応仁の乱**以前にまでさかのぼって見ていく必要があるだろう。さらに、**応仁の乱**がいったん収束した後、九代将軍足利義尚の後継者をめぐって起きた政変（明応《めいおう》の政変）にまで視野を広げて、幕府首脳陣の動きを見直す必要がある。

第１部では、こうした視点から、京都にあって**応仁の乱**と何らかの形でコミットしたり、その原因となる政治闘争に関わった「首脳陣」たちの動向を取り上げ、彼らの実像に迫りたいと思う。

足利義視《あしかがよしみ》

兄義政の都合に翻弄された「もうひとりの将軍」

【所属軍】
東→西

生没◆一四三九〜九一

両親◆足利義教・生母不詳
兄弟◆足利義勝・政知・義政
正室◆日野良子

在職❖十代将軍後見役（大御所）
（一四八九〜九一）
官職❖正二位権大納言

大乱を契機に次期将軍への足場固めに動くものの失敗する

室町幕府六代将軍足利義教《よしのり》の十男。初名は義躬《よしみ》。一四四三（嘉吉三）年に浄土寺《じょうどじ》（現在の浄土院、京都市左京区）に入れられ、出家して義尋《ぎじん》を号した。

兄の八代将軍義政《よしまさ》とその正妻・日野富子《とみこ》は男子に恵まれず、一四六四（寛政五）年に義政は将軍後継として義尋を指名する。義尋は還俗《げんぞく》（僧籍を離脱すること）して義視と名を改めた。そして将軍位継承候補の証ともなる官位（従五位下左馬頭《さまのかみ》）を授かり、邸宅の場所から今出川《いまでがわ》殿と呼ばれた。義視は以後も昇進を続け、将軍後継者として着々と地歩を築いていった。

ところが同年、義政に男子・義尚《よしひさ》が誕生する。これにより義視の立場に変化が生じてきた。

一四六六（文正元）年、義尚の乳父《めのと》（育ての親）でもある伊勢貞親《いせさだちか》（政所執事《まんどころしつじ》）が、義政に「義視に謀反の疑いあり」などと、真偽不明の報告をしたことで身の危険を感じた義視は細川勝元を頼った。そして一四六七（応仁元）年、細川勝元の東軍と山名宗全の西軍に分かれ、**応仁の乱**の戦端が開かれる。

義視は両軍の折衝役となり、義政に伊勢貞親を退けるよう求めるが、義政が貞親を許して召し上げたため孤立。北畠教具《きたばたけのりとも》を頼って伊勢《いせ》（三重県北・中部）へと逃れた。

翌年には、義政がたびたび書簡を送り上洛を促したため、勝元の東軍へと入った。義視は再び義政に伊勢貞親弾《だん》劾《がい》を勧めるも聞き入れられず、比叡山に逃れたのち西軍に身を投じた。

一四七六（文明八）年、義政が義視に和睦を求め、翌年には義視の娘を養子とした。義視は西軍の美濃《みの》（岐阜県

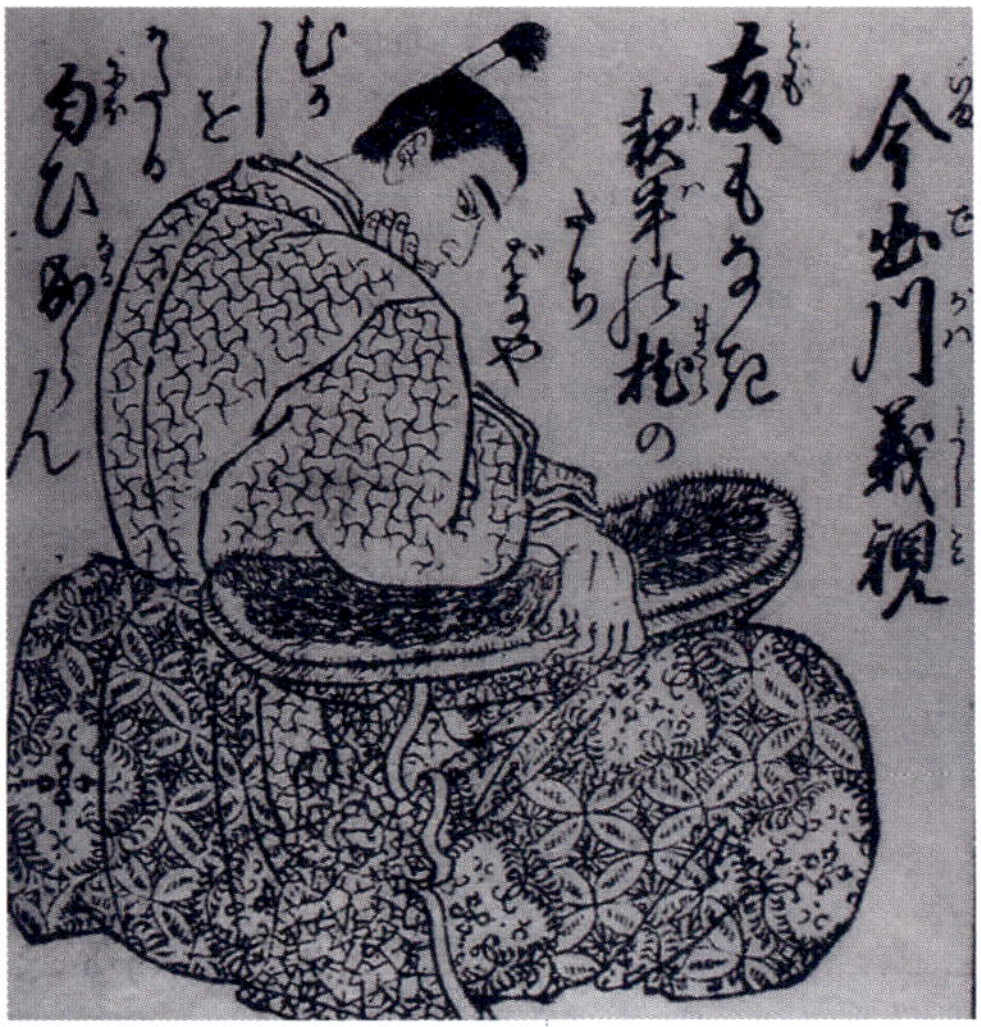

足利義視（『武家百人一首』より。国文学研究資料館蔵）

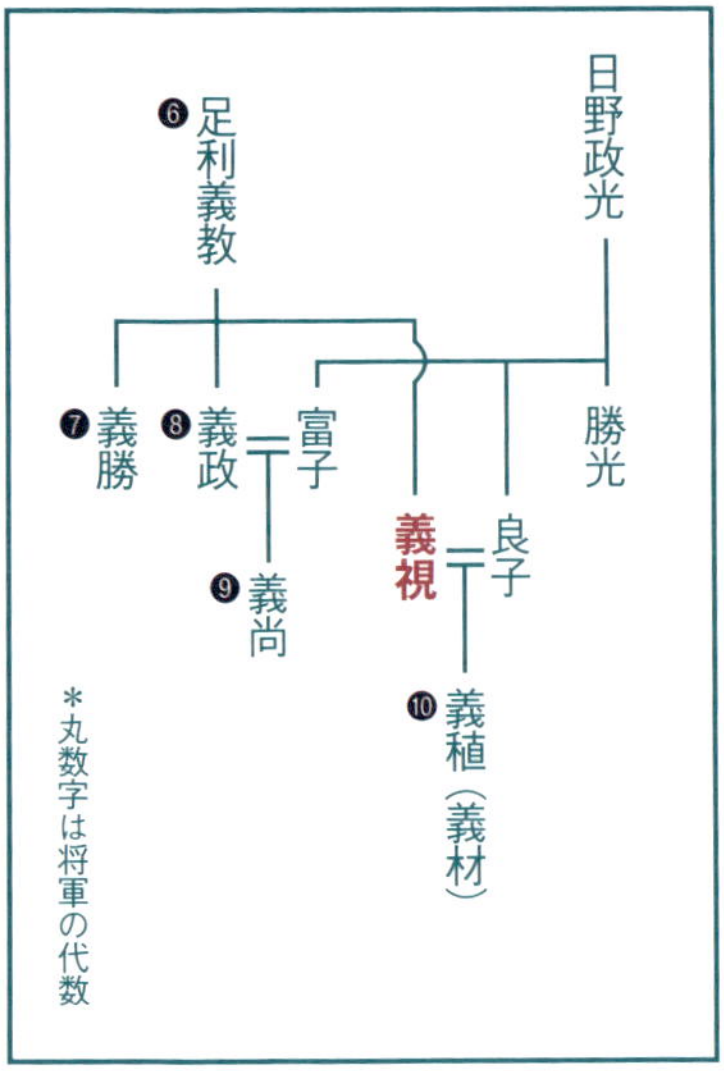

足利義視関係図

義視が頼った北畠氏の本拠・霧山城跡（三重県津市）

義視が出家時に身を寄せた浄土寺（京都市左京区）

南部）守護土岐成頼《ときしげより》を頼って下向。京の戦乱は一応の終息を迎えた。

一四七八（文明十）年、義政と義視の和睦が成立するが、義視は、なお美濃にとどまった。そして一四八九（延徳元）年三月、九代将軍義尚が早逝すると、義視は息子の義材《よしき》（のち義稙《よしたね》）をともなって上洛。出家して道存《どうそん》を号した。翌年、義政が死去すると、義材が将軍後継となり、義視は大御所として実権を掌握した。

その後も日野富子《とみこ》や細川政元らと対立するなど政治工作に奔走するが、しだいに病がちとなり、一四九一（延徳三）年一月に没した。享年五十三。

まとめ

兄との不和は長く解消されず、細川・山名らの主導権争いに利用された

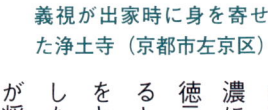

足利義尚《あしかがよしひさ》

わずか九歳で征夷大将軍となった、義政の後継者

【所属軍】
西→東

生没◆一四六五〜八九

両親◆足利義政・日野富子
兄弟◆兄1、妹3（詳細不明）
正室◆日野勝光女

在職❖九代将軍（一四七三〜八九）
官職❖従一位内大臣

武張った人間だったが六角征伐に失敗し、遠征地で酒に溺れる

足利義尚は、室町幕府九代将軍。父は八代将軍足利義政《よしまさ》、母は正室の日野富子《とみこ》。兄がひとりいたが、出生後すぐに亡くなったため、義尚が誕生する前年、父の義政は将軍位の後継者として弟の義視《よしみ》を指名していた。義政は義視から義尚の順で将軍位を継承させることで、事態の収拾を考えていたが、官僚、諸大名を巻き込んだ各勢力の思惑が錯《さく》綜《そう》し、結局**応仁の乱**が勃発することになる。

一四七三（文明五）年、父の義政から将軍位を譲られ、義尚を名乗った。わずか九歳での征夷大将軍《せいいたいしょうぐん》就任であったが、政治への意欲は強く、側近で公《く》卿《ぎょう》の一条兼良《かねよし》から政道や文物を学んだ。

また、将軍位と同時に官位（正五位下左近衛中将《さこんえのちゅうじょう》）が叙任《じょにん》され、一四七五年に参議、一四七七年に正三位、一四七九年に従二位権大納言《ごんだいなごん》、一四八三年に従一位、一四八八（長享二）年には内大臣と昇進を重ねている。

だが、当初は幼年ゆえに将軍としての職務を果たせず、数年間は父の足利義政が実権を握った。一四七九（文明十一）年、義尚は十五歳にしてようやく判始《はんはじめ》（朝廷の書類にはじめて判を押すこと）、評定始《ひょうじょうはじめ》、沙汰始《さたはじめ》（いずれも将軍家の政治的儀式）を行い、将軍として政務をみることになった。

とはいえ、その後も父の義政は対明貿易や寺社統制にまつわる権限を手放さず、東山に隠棲後もその周囲には多くの奉行衆《ぶぎょうしゅう》（法曹官僚《ほうそう》）が集って一大勢力を築いていた。彼らは義尚の奉公《ほうこう》衆《しゅう》と対立し、これが幕政にも大きく影響した。

一四八七（長享元）年、義尚は将軍の

室町幕府将軍系図

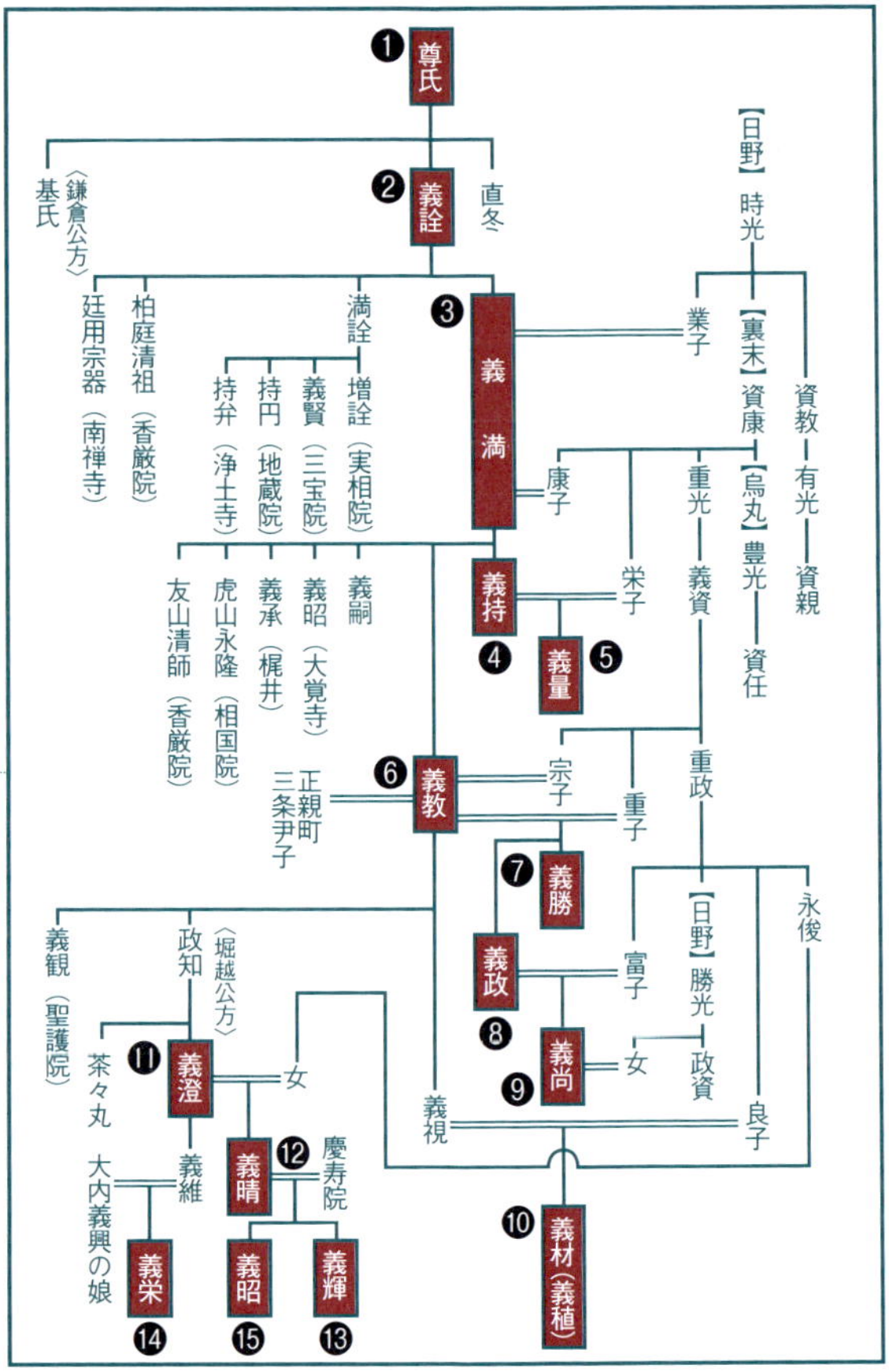

❶、❷、❸は将軍の代数。

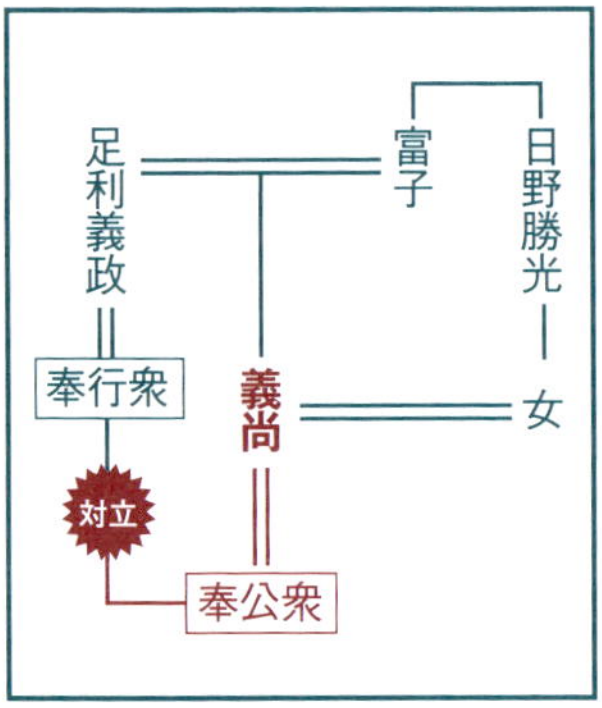

足利義尚関係図

室町幕府は足利尊氏から始まり、3代将軍義満が権力を確立。4代将軍義持の弟で、くじ引きで選ばれた6代将軍義教は専制政治を敷き、その強引さから赤松満祐に暗殺された。子の義勝が7代将軍になるが、事実上、管領が幕府の実権を握る。義勝の没後、弟の三春が8代将軍義政となる。男子がいなかった義政は当初、弟の義視を後継指名するが、正室の日野富子が男子（後の9代将軍義尚）を生んだため後継争いが生じ、応仁の乱勃発の一因となる。

権威を誇示するため、寺社や幕臣の所領を無断で押収した近江《おうみ》（滋賀県）守護六角高頼《ろっかくたかより》の討伐軍を編成し出陣。だが、高頼は勝手知ったる土地でゲリラ戦を展開して抵抗し、幕府軍は長期戦を余儀なくされた。その間の一四八八年、義尚は義熙《よしひろ》と改名している。

そして近江鈎《まがり》（栗東市）に在陣中の一四八九（延徳元）年三月、義尚は病死した。享年二十五。遺骸は京都へ運ばれ等持院《とうじいん》(京都市北区)で火葬された。

政治に関しては両親の干渉が強く、思うようにいかなかった義尚だったが、和歌や書に優れ、歌集の編纂《へんさん》にも携わった一流文化人という横顔もあった。

まとめ

文武に通じた貴公子として名君の片りんを見せるも、志半ばにして没する

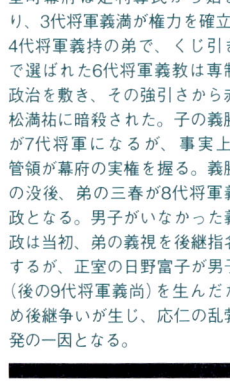

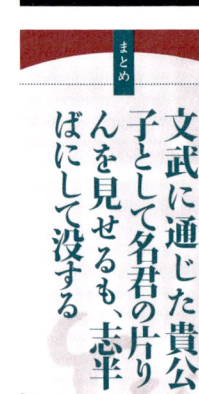

足利義政《あしかがよしまさ》

政治を疎み、文化に心寄せた大乱の元凶

【所属軍】中立→東

生没◆一四三六～九〇
両親◆足利義教・日野重子
兄弟◆足利義勝・政知・義視
正室◆日野富子
在職❖八代将軍（一四四九～七三）
官職❖従一位左大臣

生来の優柔不断さが将軍家の分裂と大乱の長期化を招いた

足利義政は、室町幕府八代将軍。父は六代将軍義教《よしのり》、母は側室の日野重《しげ》子《こ》。三男で庶子《しょし》（正室以外の子）であったが、同母兄の義勝《よしかつ》が早逝したため、わずか八歳で将軍後継者となった。そして一四四九（宝徳元）年、元服して征夷大将軍《せいいたいしょうぐん》になった。

当初義政は、管領《かんれい》（室町幕府の要職）の畠山持国《はたけやまもちくに》らの補佐を得て、政治に意欲を示していた。一四五一（宝徳三）年には、側室・今参局《いままいりのつぼね》の意見を受けて尾張《おわり》守護代の交代に干渉しようとした。ところが、守護の斯波《しば》氏らの反対で頓挫する。畠山持国や母の日野重子もまた、諍《いさか》いを嫌って義政に撤回を薦めた。こうしたことが重なり、義政は次第に政治への意欲をなくしていった。

一四五五（康正元）年には、母重子の大姪《おおめい》（兄の孫）にあたる日野富子《とみこ》を正室に迎える。やがて富子と今参局らの確執が深まり、今参局が失脚後は富子の兄の日野勝光《かつみつ》や近臣の伊勢貞親《いせさだちか》らが発言力を強めていった。

このころになると天災や土一揆《つちいっき》が頻発し、飢饉《きが》も重なり経済は混乱した。そのいっぽうで義政は、華美な土木事業を進め、私生活は贅沢を極めた。

一四六四（寛政五）年には隠居を志し、弟の義視《よしみ》を還俗《げんぞく》（僧籍を離脱すること）させて後継者とした。ところがその翌年、正室の富子が待望の男子・義尚《よしひさ》を生む。この後継者問題に、斯波《しば》・畠山氏などの後継問題、大名、官僚の勢力争いが絡む中、**応仁の乱**が勃発した。

一四七三（文明五）年、紆余曲折の末に義政は将軍職を実子の義尚に譲った。同年中に東西両軍の大将格である細川勝元《かつもと》と山名宗全《そうぜん》が相次いで死去し、

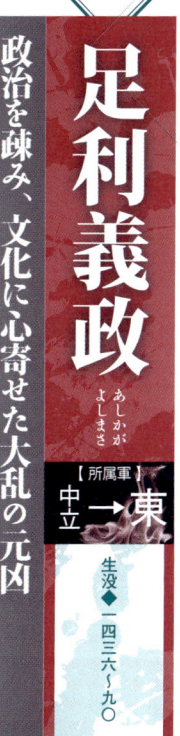

義政が東山に築いた慈照寺銀閣（京都市左京区）

8代将軍・足利義政（伝・足利義政。模写。東京大学史料編纂所蔵）

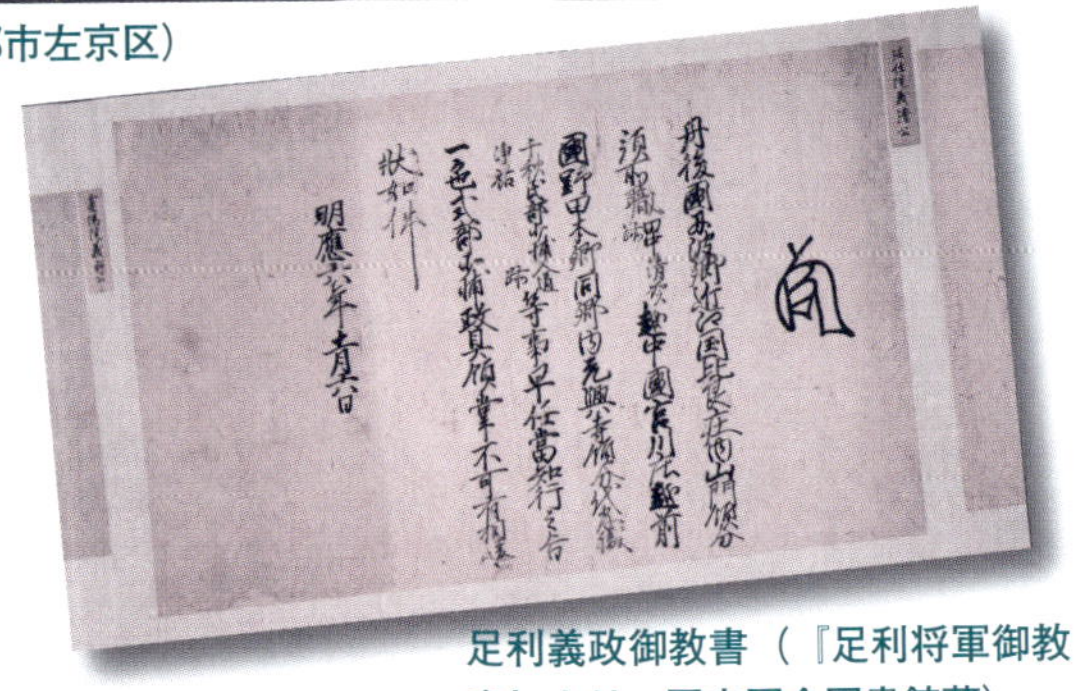

足利義政御教書（『足利将軍御教書』より。国立国会図書館蔵）

翌年には講和が成立した。

乱後の余波が続く一四八三（文明十五）年には、念願であった京都東山山荘（慈照寺《じしょうじ》）に隠棲。義尚の室町殿《むろまちどの》（西府）に対して東山殿《ひがしやまどの》（東府）と称された。義政は隠居後も既得権益を手放さず、実子の義尚とは諸事において対立することが多かった。

政治面では治世中に**応仁の乱**が発生、その収束に苦慮するなど決断力・指導力を欠いたが、現在は再評価が進んでいる。また、義政は東山文化の象徴である慈照寺銀閣《じしょうじぎんかく》（京都市左京区）を造営させ、後の茶道や華道、庭園文化に大きな影響を与えた。

まとめ

弟や実子との確執、家臣の専横に振り回されるも、東山文化を醸成する

応仁の乱
人物データファイル
004

伊勢《いせ》貞親《さだちか》

奸臣か忠臣か？ 大乱勃発の渦中にあった能吏

【所属軍】不詳

生没◆一四一七～七三

両親◆伊勢貞国・蜷川親俊の娘
兄弟◆伊勢貞藤
正室◆不詳

在職❖政所執事（一四六〇～七一）
官職❖従四位上伊勢守

奸臣の烙印を押されたが、足利義政からの信頼は厚かった

八代将軍足利義政執政期の幕臣《ばくしん》。初名は七郎、のちに兵庫助《ひょうごのすけ》、備中守《びっちゅうのかみ》、伊《い》勢守《せのかみ》を名乗った。

伊勢氏は足利将軍家の財政全般を司る政所執事《まんどころしつじ》（財政と領地に関する訴訟を担当する部署の長官）を担った家系。もとは家格《かかく》も幕府内の地位もさほど高くはなかったが、貞親の父の貞国《さだくに》が仕えた足利義勝《よしかつ》が七代将軍となったことで立場が向上した。

一四四三（嘉吉三）年、貞親は時の管領畠山持国《かんれいはたけやまもちくに》の仲介により室町殿御父《むろまちどのおんちち》（八代将軍義政の義父）という称号を与えられ、地位を確立した。その後は家督を継ぎ、一四六〇（寛正元）年には政所執事に就任する。これは、烏丸資任《からすまるすけとう》らの近臣たちによる干渉を嫌った足利義政自身が、近臣の刷新を目指し貞親を抜擢したのだという。

足利義政の信任を得た貞親は、数々の経済政策を成功させた。また、当時の政所は司法機関も兼ねており、将軍家の奉公衆《ほうこうしゅう》に対する人事権に干渉できる権力もあった。貞親は**嘉吉の乱**（赤《あか》松満祐《まつみつすけ》が六代将軍足利義教《よしのり》を暗殺した事件）で一時断絶となっていた赤松家の当主政則《まさのり》の中央政界復帰を後援するなど、幕府と有力守護大名家との橋渡し役も担っていた。

一四六五（寛正五）年に義政の正室日野富子《とみこ》が足利義尚《よしひさ》を生むと、貞親は乳《め》父《と》（育ての親）となった。翌一四六六（文正元）年には斯波《しば》氏の家督争いに介入。周防《すおう》（山口県）の大内家に身を寄せていた斯波義敏《よしとし》の家督相続を義政に認めさせた。これは義敏の妾《めかけ》と貞親の妾が姉妹であった関係からのことといわれる。これもまた**応仁の乱**の原因のひと

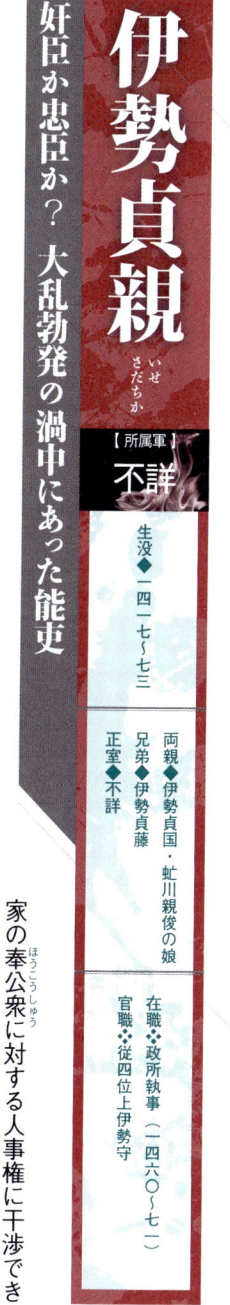

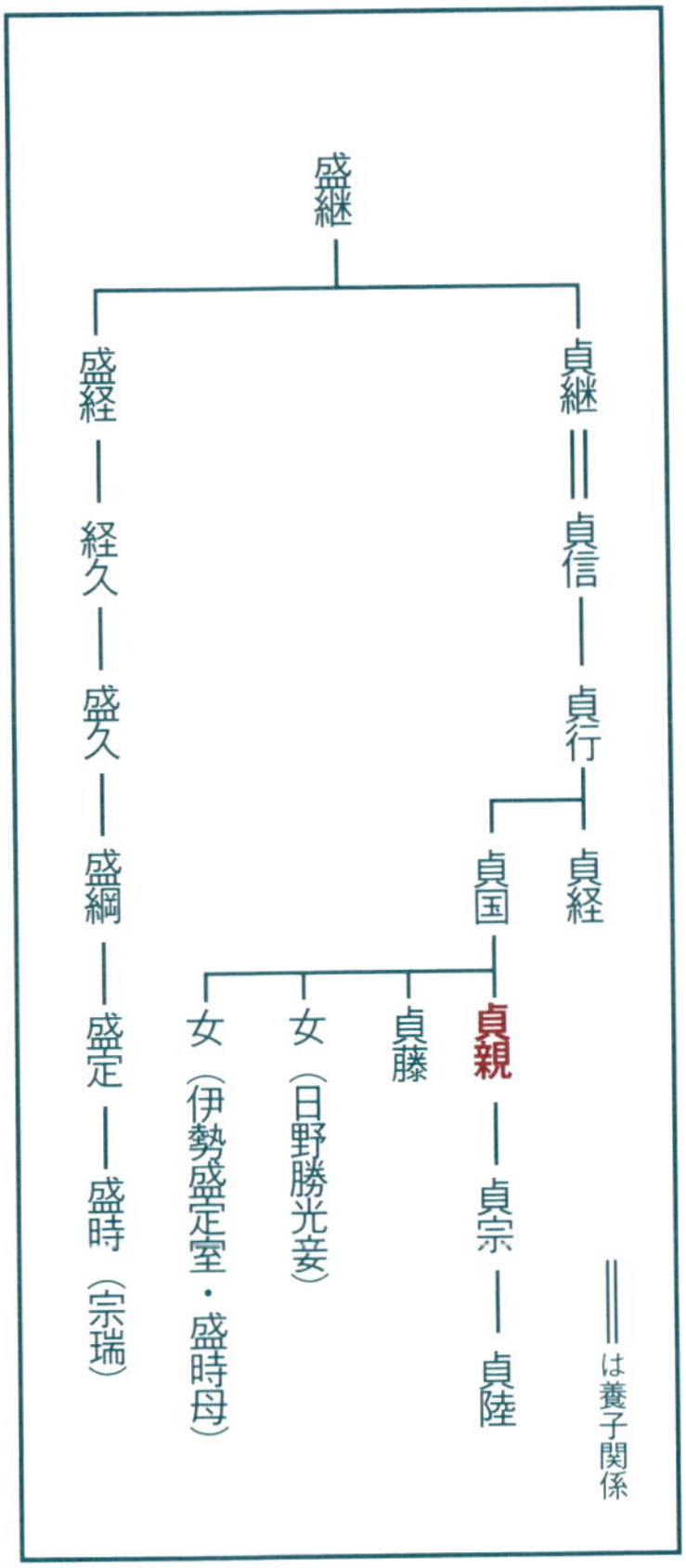

伊勢氏系図

朽木氏が領した朽木谷（滋賀県高島市）。貞親は1471年、朽木氏を頼って亡命し出家した

つとされている。

足利義尚と義視《よしみ》の将軍位後継争いが表面化すると、義尚側の貞親は危機感を抱き、義視が謀反《むほん》を企てていると讒《ざん》訴《そ》（虚偽の告発）した。しかし、これは露見して失敗し、貞親は同じく義政側近の季瓊真蘂《きけいしんずい》らとともに政界を追われ、近江《おうみ》（滋賀県）に逃げた。この事件は**文正の政変**と呼ばれている。

貞親はその後伊勢《いせ》（三重県の北中部周辺）に移り、隠遁生活を送った。ただ、義視らによるたびたびの弾劾請求にもかかわらず、義政の貞親に対する信頼は変わらなかった。そして、貞親は一四六七（応仁元）年に再び幕府に召還された。こうした人事が、この年に勃発する**応仁の乱**の明らかなきっかけとなった。

大乱を招いた奸臣《かんしん》（国を傾けた原因の人物）といわれる貞親だが、和歌や騎射など文武に通じ、有職故実《ゆうそくこじつ》（武家をはじめ、朝廷や公家の行事や制度、習慣、儀式など）にも明るい人物でもあった。また、著述した『伊勢貞親教訓』では、子孫たちに対し、将軍家への忠節を説いている。

まとめ

幕府のため と思って進めた事柄がすべて裏目に出て、奸臣の烙印を押される

日野勝光《ひのかつみつ》

影の有力者で蓄財巧者の「押大臣《おしのおとど》」。死因は謎のまま…

【所属軍】
中立

生没◆一四二九～七六
両親◆日野重政、北小路苗子
兄弟◆日野富子
正室◆不詳
在職◆足利義政側近
官職◆従一位左大臣

毒殺説も流布されており、その死は謎に包まれている

勝光は、わずか六歳で家督を継承した。それは、一四三四（永享六）年、祖父の日野義資《よしすけ》がかねて確執のあった六代将軍足利義教《よしのり》の刺客（盗賊ともいわれる）に殺害され、それにあわせて父の政光《まさみつ》(重政《しげまさ》)が出家したためであった。

一四四一（嘉吉元）年の元服後は順調に昇進を重ね、一四五五（康正元）年には従二位権大納言となっている。そして、同年に妹の日野富子《とみこ》が八代将軍足利義政《よしまさ》と結婚すると、勝光はその側近として仕えた。公家の日野氏は、足利尊氏《たかうじ》の時代から続く室町将軍家との縁があり、妻は日野家から迎えることが慣例となっていたのである。

以後、勝光は将軍の義兄として権勢を誇り、妹の富子とともに蓄財に励んだ。日野家は祖父の代に「悪御所《あくごしょ》」と呼ばれ怖れられた足利義教の怒りに触れて没落したという経緯もあり、勝光と富子にとって日野家の復興は悲願であった。蓄財はそのためであったともいわれる。

勝光は公家ゆえに幕府の要職に就くことはなかったが、隠然たる影響力を有した。同時代の大宮長興《おおみやながおき》が残した日記『長興宿禰記《ながおきすくねき》』では、その蓄財ぶりを「権威無類《けんいむるい》、和漢の重宝、山岳の如く集め置かる」と記されている。

また、興福寺《こうふくじ》の高僧たちの記録を集成した『大乗院日記目録』では「凡《およ》そ近来有徳《うとく》無双の仁《じん》なり、大福長者の如し、天下の衆人これを押大臣と号す《おしのおとど》」と勝光を評している。ここから「押大臣」という勝光の綽名《あだな》が生まれた。

義政側近の伊勢貞親《いせさだちか》らが一四六六（文正元）年の**文正の政変**によって失脚するなかでも、勝光は抗争とは距離を置

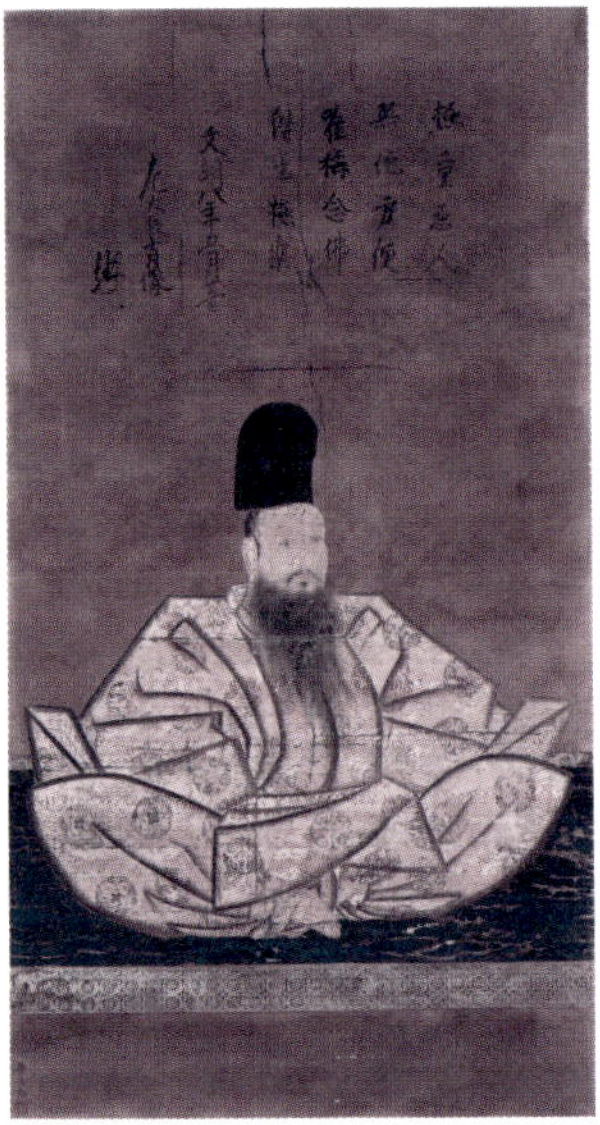

日野勝光（模写。東京大学史料編纂所蔵）

日野氏の氏寺だった法界寺（京都市伏見区）

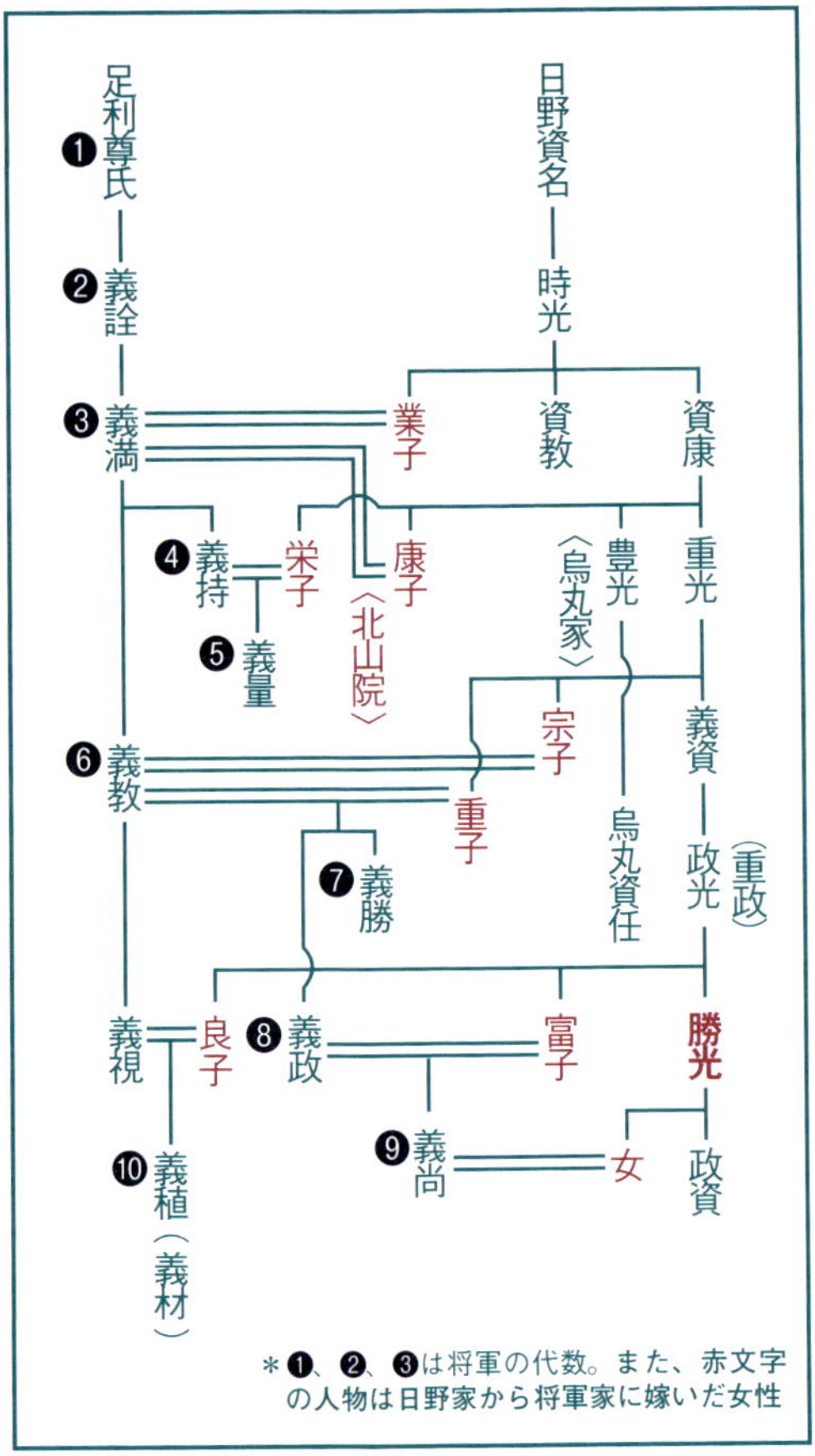

足利将軍家・日野氏関係図

き、自身の立ち位置を保持した。エピソードとしては、**応仁の乱**が勃発した際、細川勝元《かつもと》が八代将軍足利義政《よしまさ》に山名宗全《そうぜん》を罰するよう求めたが、勝光は「今回の争いは細川・山名の私闘にすぎない」とこれに反対したとされる。

一四七三（文明五）年に義尚《よしひさ》が九代将軍になると、勝光は後見役となった。そして長引く戦乱を収束させるべく、義政の命で折衝を続けていたが、その最中に急死した。享年四十八。

彼を「新将軍代《しんしょうぐんだい》」と揶揄《やゆ》した興福寺別当《べっとう》の尋尊《じんそん》は、自身の日記『大乗院寺《だいじょういんじ》社雑事記《しゃぞうじき》』のなかで彼の死を「希有《けう》の神罰なり」と評した。

まとめ

大乱をよそに妹の富子とともに自身の権益を守り抜き、謎の死を遂げる

日野富子《ひのとみこ》

八代将軍義政の正室で、図らずも大乱を招いた

【所属軍】西→東

生没◆一四四〇～九六
両親◆日野重政・北小路苗子
兄弟◆日野勝光
在職❖八代将軍足利義政御台
官職❖従一位

財テクして幕府財政を支えるが、悪女の汚名を着せられる

日野富子は八代将軍足利義政《よしまさ》の正室。一四五五（康正元）年、十六歳で義政に嫁いだ。このとき義政は二十歳であった。その義政の周辺には、当時権勢を誇っていた「三魔《さんま》」（八代将軍義政の側近で、御今《おいま》、烏丸《からすま》、有馬《ありま》と「ま」がつく三人）と呼ばれる存在があり、そのひとりが御今《おいま》こと今参局《いままいりのつぼね》であった。今参局は乳母として義政の養育に深く関わり、その関係から幕政にも影響力を持っていたのである。

一四五九（長禄三）年、富子は男子を出産するが、当日のうちに亡くなってしまう。そしてこれが今参局の呪詛《じゅそ》（呪い）によるもの、との噂が広がった。そして今参局は、三魔の反対勢力による弾劾の末、琵琶湖の沖ノ島に流罪となり、向かう道中で何者かに暗殺された（自殺の説もある）。

その後富子は、なかなか子どもに恵まれず、義政は弟の義視《よしみ》をやむなく後継者に指名して養子とした。ところが、その直後に富子は懐妊し、義尚《よしひさ》が一四六五（寛正六）年に誕生する。しかし翌年、義視にも義材《よしき》（のち義稙《よしたね》）が誕生した。こうして将軍の系統が二つに分かれ、争乱の火種となるのであった。

一四六七（応仁元）年、有力大名家の確執など、さまざまな要因が重なり、**応仁の乱**へと発展する。そんななか、富子は諸大名に金を貸し付け、京の入り口に関所を設けて通行税を徴収するなど、兄の勝光とともに利殖活動にまい進した。これにより、後世になって富子＝悪女論が定着するのだが、彼女自身は幕府経済を支えるための当然の行為と考えていたと思われる。

富子に追放された今参局の伝承を残す沖島の漁港（近江八幡市）

日野富子の供養塔（右の宝篋印塔。京都市上京区・華開院）

富子が応仁の乱勃発後、一時避難した宝鏡寺（京都市上京区）

日野富子像（宝鏡寺蔵）

そののち、富子は嫡子の義尚とたびたび衝突し、深刻な確執が生じていた。その義尚が一四八九（延徳元）年に病没すると、富子は将軍位の後継として義視の嫡子である義材を推挙した。しかし、翌年には夫の義政が死去し、富子は剃髪《ていはつ》して尼となった。

尼となってからも隠然たる権力を保持し続けていた富子は、義視・義材親子と決定的な対立に発展する。これが戦国時代の幕開けとされているクーデター事件「明応《めいおう》の政変」へと発展するのである。その後も尼御台《あまみだい》として幕政に関与し続けたが、一四九六（明応五）年に死去した。享年五十七。

まとめ

悪女論は見直しが進んでいるものの数々の騒乱の原因となったのは事実

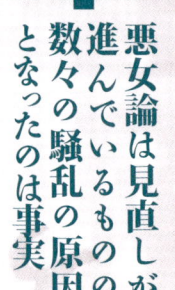

細川《ほそかわ》勝元《かつもと》

名門の矜持に満ちあふれた東軍の総大将

【所属軍】東

生没◆一四三〇～七三

両親◆細川持之・京極高光の娘
兄弟◆細川成賢
正室◆春林寺殿

在職❖十六、十八、二十一代室町幕府管領（一四四五～四九、一四五二～六四、一四六八～七三）
官職❖従四位上武蔵守

通算21年間も管領を務め、幕政の中心にあった細川勝元

細川勝元は細川氏の宗家である京兆《けいちょう》家の出身で、同家は代々室町幕府の管《かん》領《れい》（室町幕府の要職）を担った。このため「管領細川家」とも呼ばれる。

一四四二（嘉吉二）年、勝元が十三歳のときに父の持之《もちゆき》が死去したため家督と管領の職を相続し、摂津《せっつ》（大阪府北中部の大半と兵庫県南東部）ほか四カ国の守護となり、細川氏は一族で八カ国の守護を務めていた。

これに拮抗するのは四職《しき》家（赤松氏、一色氏、京極氏、山名氏）のうちの山名氏で、嘉吉《かきつ》の乱での功績もあり九カ国の守護を兼任していた。だが、勝元にとって当面の対抗馬は同じ管領家の畠山《はたけやま》氏であり、勝元は当初、山名氏との連携を目指していた。

そこで、一四四七（文安四）年に山名宗全《そうぜん》の養女を正室とし、宗全の末子・豊久《とよひさ》を養子に迎えて縁戚となった。そのうえで畠山氏の内紛にあたっては宗全とともに畠山政長《まさなが》を支援。一四五四（享徳三）年に宗全が、八代将軍足利義《よし》政《まさ》による赤松政則の起用に反対して追討されそうになると、義政を諫《いさ》めて宗全を援護し、政界復帰を後援した。

だが、**嘉吉の乱**で滅亡した赤松家の再興運動が本格化すると、これを支援する勝元と猛反発する宗全との間に亀裂が入った。さらに宗全が畠山義就《よしひろ》支持に傾いたのに対し、勝元は一貫して政長を支持し続けた。そうして両者の対立が決定的になると、全国の大名は細川氏、山名氏のどちらにつくかで二分されていった。

いっぽう足利将軍家では、義視《よしみ》と義《よし》尚《ひさ》による後継争いが表面化する。そして一四六七（応仁元）年、畠山政長と

上杉本『洛中洛外図屏風』に描かれた細川殿（管領館。米沢市上杉博物館蔵）

応仁の乱勃発時の対立構図

西軍	東軍
足利義尚	足利義視
山名宗全	細川勝元
畠山義就	畠山政長
斯波義廉	斯波義敏

細川勝元（『本朝百名将』より。国立国会図書館蔵）

細川勝元が創建した龍安寺の山門（京都市右京区）

義就による上御霊社《かみごりょうしゃ》（現在の御霊神社）での武力衝突（**上御霊社の合戦**）が引き金となり、**応仁の乱**へと発展した。勃発当初こそ将軍義政を奉じた勝元の東軍が優勢であったが、戦況は二転三転し、東西互角の状況が続いた。

戦乱が長期化するなか、一四七三（文明五）年三月に山名宗全が死去し、その二カ月後に勝元も病死した。

勝元は、生まれ持っての血筋のよさと管領職への強い執着はあるものの、幕臣間の混乱を収める政治的能力には欠けた。いっぽうで、和歌や連歌にも通じ、絵もたしなむ穏健な教養人という横顔もあった。

まとめ

教養人で穏健な反面、幕臣間の対立を収拾する政治的手腕には欠けた

山名宗全《やまなそうぜん》

山名一門の最盛期を築いた西軍の総大将

【所属軍】西

生没◆一四〇四～七三

両親◆山名時熙・山名氏清の娘
兄弟◆山名満時、持熙
正室◆不詳

在職❖侍所頭人、山城守護
官職❖従三位右衛門督

時勢を重視したが、応仁の乱では「時」を読み違え長引かせる

宗全（当時は持豊《もちとよ》）は、「悪御所《あくごしょ》」の綽名《あだな》で呼ばれた（ヒステリックで強気な性格だったため）六代将軍足利義教《よしのり》の怒りにふれて追放された兄に代わり、一四三三(永享五)年に家督を相続した。

一四四〇（同十二）年には、歴代当主と同様に侍所頭人《さむらいどころとうにん》(警察機構の長官)と山城《やましろ》（京都府南部）守護の職を拝し、幕府内での地位を確立した。

その翌年、足利義教が播磨《はりま》（兵庫県南西部）・備前《びぜん》（岡山県東南部）・美作《みまさか》（岡山県東北部）の守護赤松満祐《みつすけ》に殺される事件、**嘉吉《かきつ》の乱**が勃発する。宗全は討伐軍を編成すると満祐の本拠地である播磨へ侵攻し、満祐らを自害させた。この功績により、山名一門は九カ国を領有する巨大勢力となった。なお、この頃の幕政の中心人物といえば管領《かんれい》(室町幕府の要職)の畠山持国《もちくに》であった。

いっぽう、畠山氏と同じく管領家だった細川氏は、当主の勝元《かつもと》がまだ年若くて立場も弱いゆえに、山名氏との共闘を画策していた。

宗全は、**嘉吉の乱**で義教とともに殺害された石見《いわみ》（島根県西部）守護山名《やまな》熙貴《ひろたか》の娘ふたりを、周防《すおう》（山口県東南半分）守護大内教弘《のりひろ》と細川勝元に嫁がせることで、畠山氏に対抗した。これらの策が功を奏し、持国は失脚。幕政の中心は山名・細川の二大勢力の手に移った。

一四五四(享徳三)年、不倶戴天《ふぐたいてん》の敵（恨みや怒りの深い相手）である赤松一族が細川勝元を頼り、幕府への出仕《しゅっし》（任官）を求めたが宗全はこれに猛反発した。しかし、このことで八代将軍義政《よしまさ》の怒りを買い、宗全追討の命が下される。しかし、その場は勝元のとりなしと家

山名宗全邸跡に建つ「山名宗全旧蹟」碑（京都市上京区）

山名宗全が建立した南禅寺の塔頭・真乗院山門（京都市左京区）。同寺に宗全は眠っている

督を嫡子に譲ることで事なきを得た。

ところが、斯波《しば》・畠山《はたけやま》氏の家督争いにおいては、斯波義敏《よしとし》・畠山政長を支持する細川勝元に対し、宗全は斯波義廉《しばよしかど》・畠山義就《よしひろ》を支持して真っ向から対立。両者の軋轢《あつれき》は一気に広がった。

そして一四六七（応仁元）年、それまでの経緯に足利義視《よしみ》と足利義尚《よしひさ》の将軍位継承争いが加わり、ついに**応仁の乱**へと発展する。六十四歳の宗全は、老体に鞭打って西軍を率い、京都に進駐した。当初こそ東軍が優勢であったが、半年ほど経つと、西軍方の大内氏が大軍を率いて上洛したのを機に形勢は五分五分となった。この膠着《こうちゃく》状態を打破すべく、宗全は大義名分のため南朝系の宮家・小倉宮《おぐらのみや》を西陣に擁立するも失敗に終わった。

長引く戦乱は老将には堪えたとみえ、翌年には自殺を試みている。そして一四七三（文明五）年、七十歳で病死した。なお、宗全が奪った旧赤松氏領は、宗全の留守中にふたたび赤松氏に奪い返されている。

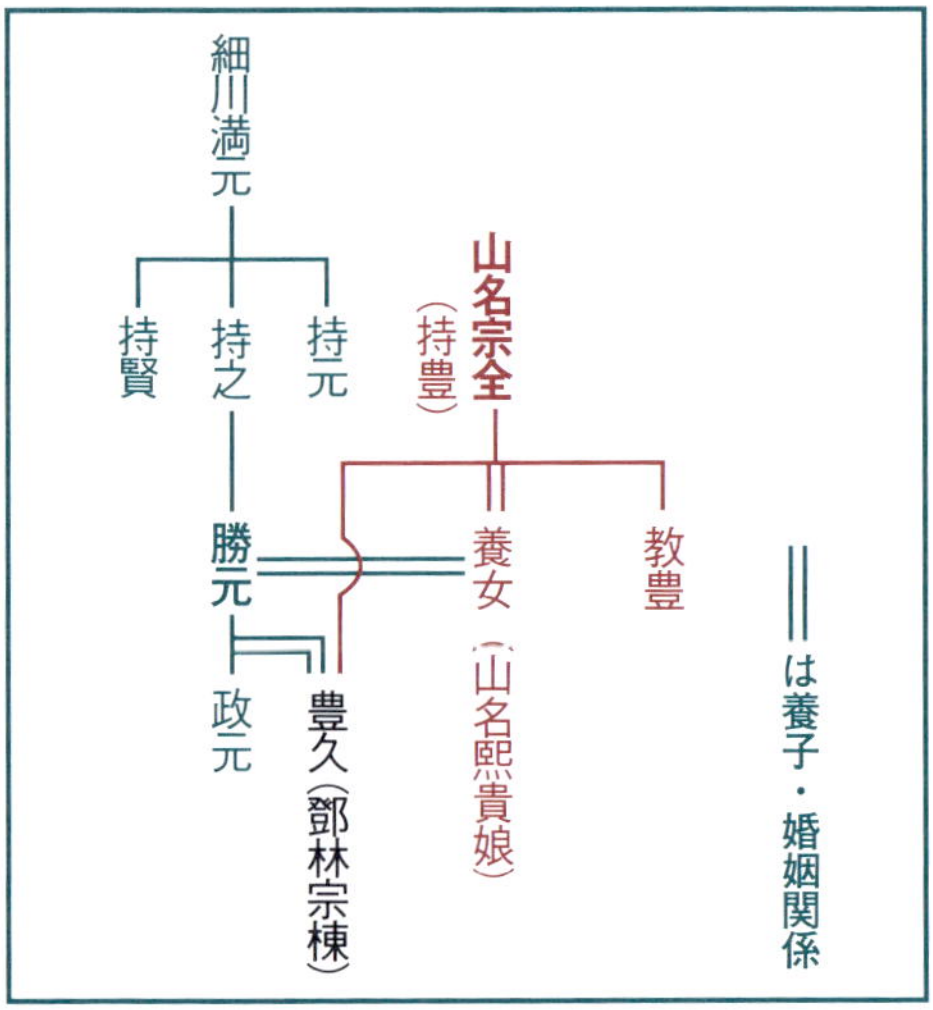

山名宗全と細川勝元の姻戚関係図

まとめ

宗全と細川勝元、もともとは良好な関係だったが、他家の家督争いが原因で対立

足利義材《あしかがよしき》

有力大名家を転々とした不遇の将軍

【所属軍】東→西

生没◆一四六六～一五二三

両親◆足利義視・裏松政光の娘
兄弟◆義忠（異母弟）など
正室◆清雲院（細川成之の娘）

在職❖室町幕府十代将軍（一四九〇～九三、一五〇八～二一）
官職❖従二位権大納言

足利義材（のち義尹《よしただ》、義稙《よしたね》）は、**応仁の乱**勃発の前年に生まれた。父足利義視《よしみ》が東軍から西軍へと身を寄せると、生まれて間もない義材もこれに従った。

一四七七（文明九）年には、父とともに美濃《みの》（岐阜県南部）へと下向し、**応仁の乱**が一応の終戦を迎える。

足利義材が一時身を寄せた放生津城跡の石碑（射水市）

一四八七（長享元）年には、日野富子の推挙を受けて将軍位継承候補筆頭を意味する官位（従五位下左馬頭《さまのかみ》）に任じられ、三年後に十代将軍となった。

一四九一（延徳三）年に後見人の父義視が死去すると、義材は独自路線を歩み始める。そのひとつが前管領《かんれい》（将軍に次ぐ役職）・畠山政長《まさなが》との連携であった。これは日野富子や細川政元《まさもと》らと利害が一致せず、彼らの反発を招いた。

その二年後には、政長の対抗馬である義豊《よしとよ》（義就《よしひろ》の子）を討伐するため河内《かわち》（大阪府南部）へと出陣したが、その留守を突き、政元や富子らが足利義《よし》遐《とお》（のち義澄《よしずみ》）を擁立した政変、明応の政変が起こる。義材は捕らえられるが脱出し越中《えっちゅう》（富山県）へと逃れた。

失地回復を図る義材は、細川高国《たかくに》や大内義興《よしおき》らの後援を得て将軍に復帰する。だが、その結果は高国や義興の横暴な振る舞いだった。それを見た義材は出奔と復帰を繰り返し、一五二一（大永元）年に将軍位を退かされた。

その後は阿波《あわ》（徳島県）に移り、五十八歳で没した。「流《なが》れ公方《くぼう》」と同情される、流浪の生涯であった。

まとめ

日野富子や細川家の都合に振り回され、各地を流浪することになる

応仁の乱
人物データファイル
010

有馬元家《ありまもといえ》

「三魔」の一角を占めた赤松一族出の近習

【所属軍】
不詳

生没◆生年不詳～一四六九
両親◆有馬持家・生母不詳
兄弟◆不詳
正室◆不詳
在職❖八代将軍足利義政側近
官職❖摂津有馬郡守護

有馬家は、一三九一（明徳二）年、赤松義祐《よしすけ》が摂津《せっつ》（大阪府中北部・兵庫県南東部）有馬《ありま》荘の地頭職《じとうしき》（荘園《しょうえん》の管理者）に任じられたことに始まる。

義祐は荘園名にちなんで、姓を有馬とした。有馬元家はその義祐の孫にあたる。つまり、有馬氏は四職《ししき》家（室町時代の武家の家格《かかく》）の名門・赤松家の支流なのだが、いつしか赤松氏を介さずに幕府直勤の近習役《きんじゅやく》、いわゆる奉公《ほうこう》衆《しゅう》の一角を占めるほどになっていた。

赤松満祐が六代将軍義教《よしのり》を殺害した**嘉吉の乱**では、父の持家は一族の満祐《みつすけ》にくみすることなく追討側についた。従兄弟にあたる赤松満政《みつまさ》が一四四四（文安元）年に山名宗全に反旗を翻した際は、当初は満政にくみしながら幕府方に寝返り、満政を殺害している。元家の父持家は満政の殺害責任を問われて隠居し、家督は嫡男の元家が継いだ。

そののち、元家は足利義政の奉公衆となるのだが、若き義政の側近として政治に介入、今参局《いまいりのつぼね》（御今《おいま》）、烏丸資任《からすまるすけとう》と並んで「三魔《さんま》（御今、烏丸、有馬）」と揶揄《やゆ》された。

相国寺の僧瑞渓周鳳《ずいけいしゅうほう》は、自身の日記『臥雲日件録《がうんにっけんろく》』のなかで「政は三魔より出ず」と、この三者の専制を批判的に記している。ちなみに、かつては有馬持家が三魔の一角と推定されていたが、近年では元家のことを指しているといわれている。

山名宗全と赤松一族の争いが激しさを増すなかの一四五四（享徳三）年、元家は赤松則尚《のりひさ》の反乱に加担したかどで出家《しゅっけ》を命じられた。

さらに**応仁の乱**のさなか、元家は赤松惣領家《そうりょうけ》の継承を志し、足利義視擁立を画策する。これを知った足利義政は激怒し、義政の命を受けた赤松政則《まさのり》によって誅殺された。

まとめ

赤松宗家を幾度も裏切り、最後にその報いを受けた二代にわたる軽率輩

大舘尚氏《おおだちひさうじ》

長命を保った足利義尚の側近中の側近

【所属軍】
不詳

生没◆一四五四?〜不詳

両親◆大舘教氏・山名豊之の娘
兄弟◆不詳
正室◆不詳

在職❖室町幕府申次・内談衆
官職❖従四位下兵庫頭、弾正少弼、左衛門佐、伊予守

大舘氏は上野国《こうずけ》（群馬県）を発祥とする清和源氏新田氏流《せいわげんじにった》の名門で、代々室町幕府将軍の側近として仕えた家柄。

尚氏の祖父、大舘持房《もちふさ》は足利義教《よしのり》、義勝《よしかつ》、義政《よしまさ》の将軍三代に仕え、娘の佐《すけ》子《こ》は義政の側室となり、娘をひとり生んでいる。また、持房の従姉妹にあたる今参局《いままいりのつぼね》も義政の側室となり三魔《さんま》（御《お》今《いま》、烏丸《からすまる》、有馬《ありま》）のひとりとして権勢を誇った。

その持房の子教氏《のりうじ》が一四六三（寛正四）年に急逝し、嫡子の尚氏が家督を相続。一四七七（文明九）年には祖父持房の推挙により九代将軍足利義尚《よしひさ》の申次《もうしつぎ》（取次役）を任じられた。

一四八七（長享元）年になると、足利義尚は六角高頼《ろっかくたかより》討伐の軍勢を組織し、近江国《おうみ》（滋賀県）へと出陣する。奉公《ほうこう》衆《しゅう》や諸大名を連ねた大軍勢であり、将軍義尚らが着陣した近江鈎の陣《おうみまがりじん》（長享《ちょうきょう》・延徳《えんとく》の乱）は、幕府機能を移設したような状況であった。尚氏は五番衆《ごばんしゅう》（将軍の親衛隊）筆頭としてこれに従い、鈎の陣にて評定衆《ひょうじょう》（政権中枢の機関）に任じられた。

この義尚のころには、将軍はすでに求心力を失って久しく、義尚は信頼のおけない諸大名よりも尚氏ら側近を重用した。こうした傾向が、さらに将軍側近と諸大名の対立に影響したことは間違いない。

そして一四八九（延徳元）年、近江鈎の陣において義尚が急逝する。陣営中に不審火が発生するなか、尚氏が即時撤退を主張したことで逆襲は免れた。

尚氏は、十二代将軍足利義晴《よしはる》の時代まで申次・内談衆《ないだんしゅう》（訴訟を扱う決定機関）として仕え、武家ながら文物にも通じた貴重な人材として幕府に重宝された。なお、没年は不詳だが、九十歳以上であったといわれる。

まとめ

諸大名を嫌った足利義尚の信任を得て、幕臣中の長老格として長く君臨

応仁の乱
人物データファイル
012

烏丸資任《からすまるすけとう》

期せずして義政の「育ての親」となった貴人

【所属軍】不詳

生没◆一四一七～八三
両親◆烏丸豊光・生母不詳
兄弟◆不詳
正室◆不詳
在職❖八代将軍足利義政側近
官職❖従一位准大臣

烏丸氏は藤原北家日野氏流の公家《くげ》で、日野富子らの嫡流に対して、いわゆる分家にあたる。

資任の父烏丸豊光《とよみつ》は烏丸氏の祖であり、姓の由来は、京の烏丸《からすま》に居を定めたことにちなんでいる。なお、日野重子は資任の従姉妹、日野勝光《かつみつ》と富子の兄妹は従兄弟の孫といった関係になる。

足利義教《よしのり》と側室の日野重子《しげこ》との間に生まれた義政は、三男ということもあり資任の屋敷（烏丸殿《からすまどの》）に預けられ、そこで幼少期を過ごした。つまり、資任は実質的な乳父《めのと》（父親の代わり）になったのであった。

ところが、七代将軍足利義勝《よしかつ》は十歳で早逝し、義政が家督を相続することとなった。ここで評価が跳ね上がったのが義政の生母重子と養育係の資任である。重子はそれまでの室町第《むろまちてい》（花の御所。足利将軍家の邸宅）から烏丸殿へと移り、烏丸殿の主となった資任は義政の最側近として権勢を誇った。この関係は、義政が室町第を大改修して一四五九（長禄三）年に移り住むまで続いた。

御今《おいま》（今参局《いままいりのつぼね》）、烏丸《からすまる》、有馬《ありま》の「三《さん》魔《ま》」と称され、その権勢と悪評が世間に知れわたっていた資任だが、室町第へ移住するその年に三魔のひとり、今参局が日野富子の生んだ子を呪い死にさせたという罪で自害に追い込まれ、資任の影響力も限定されていった。

ただ、資任に粛清が及んだ気配はない。義政の室町第移転の際に、資任は権大納言から准大臣へと昇進している。形式的な称号だが、官位としては文字どおり大臣に準じる高位であった。

一四六七（応仁元）年、後花園《ごはなぞの》上皇が出家するとこれに従い、西誉《さいよ》と号した。**応仁の乱**が勃発すると三河国（愛知県東部）へと下向し、そこで死去した。

まとめ

さしたる悪評もなければ目立つ功績もない、公家の見本のような人生

後土御門天皇《ごつちみかどてんのう》

譲位を武器に幕府と渡りあった、悲運の天皇

【所属軍】不詳

生没◆一四四二～一五〇〇

両親◆後花園天皇・藤原信子
兄弟◆観心女王など
正室◆庭田朝子？

在職❖第一〇三代天皇（一四六四～一五〇〇）

応仁の乱当時、玉座《ぎょくざ》にあったのが後土御門天皇。一四五七（長禄元）年に十六歳で親王となり、一四六四（寛正五）年に父の後花園天皇から譲位され、翌年即位の礼を挙げた。

そのわずか二年後の一四六七（応仁元）年に、**応仁の乱**が勃発する。同年正月、後土御門天皇は戦乱を避けるため、足利義政《よしまさ》がいる室町第《むろまちてい》（花の御所。足利将軍家の邸宅）に二日間だけ赴いた。だが、洛中《らくちゅう》での戦闘が激化すると、八月にふたたび室町第に赴き、以後十年の長きにわたり室町第が仮宮《かりみや》となった。一四七六（文明八）年には室町第が焼けたため仮宮を転々としたが、三年後にようやく土御門内裏《つちみかどだいり》の修理が終わり、還幸《かんこう》（出先から帰ること）した。

この間に政治は乱れ、足利義政側近の日野勝光《かつみつ》や伊勢貞親《さだちか》、そして義政正室の日野富子らによる専横は目に余るありさまであった。

そのため後土御門天皇は、伝家の宝刀である譲位《じょうい》をちらつかせるが、これは幕府の猛反発にあって実現しなかった。なお、後土御門天皇はその生涯にわたり、五回も譲位を申し出たという。

応仁の乱終結後は、途絶えていた朝廷儀式の再興をすすめ、三節会《さんせちえ》（宮中で行われた正月の三つの節会）などを復活させた。だが、乱後の朝廷と幕府は経済的困窮が甚だしく、崩御した際も幕府は葬儀費用をねん出できず、遺骸は四十余日にわたって御所に放置されていたという。

後土御門天皇が仮宮として滞在した室町第（花の御所）跡（京都市上京区）

まとめ

即位二年後に応仁の乱が勃発。十年の仮住生活という過酷な生涯

応仁の乱 人物データファイル 014

後花園上皇《ごはなぞのじょうこう》

偶然が重なって皇位についた伏見宮出身の天皇

【所属軍】不詳

生没◆一四一九〜七〇
両親◆伏見宮貞成親王・庭田幸子
兄弟◆貞常親王など
正室◆藤原信子（大炊御門信宗養女）
在職❖第一〇二代天皇（一四二八〜六四）

後花園上皇は、幼少期に皇位に就いた人物だが、その経緯には複雑な事情があった。後花園上皇が生まれる七年前の一四一二（応永十九）年、時の後《ご》小松《こまつ》天皇（北朝方）は、自分の皇子（称光天皇《しょうこう》）に皇位を譲った。これは両《りょう》統迭立《とうてつりつ》（一三九二（明徳三）年の南北朝合一後に成立した、南朝と北朝が交互に即位する盟約）の合意に反するため、南朝方の怒りを買った。

その称光天皇は病気がちで継嗣もなく、上皇となった後小松上皇は急いで後継を決定する必要に迫られた。一四二八（正長元）年には、この機に乗じようと大覚寺統《だいかくじとう》（南朝方）の小倉《おぐら》宮《のみや》が伊勢《いせ》（三重県北・中部）の北畠家《きたばたけ》を頼って挙兵する構えをみせた。やむなく後小松上皇は伏見宮《ふしみのみや》（北朝方）の皇子彦仁《ひこひと》を御所に迎え、親王宣下《しんのうせんげ》（親王の地位を与える）のないまま自身の猶子《ゆうし》（他人の子と親子関係を結ぶ）として備えた。

称光天皇が同年中に崩御すると、その翌年、彦仁が即位する。これが後花園天皇（後花園上皇）である。しかし、まだ十歳の少年ゆえ、即位後の数年間は後小松上皇による院政がしかれた。

一四三三（永享五）年に後小松上皇が崩御すると、後花園天皇は以後三十一年の長きにわたり親政（天皇が政治を行うこと）をとった。

一四六四（寛正五）年には皇子（のちの後土御門《ごつちみかど》天皇）に譲位し、上皇となった。そして、**応仁の乱**が勃発すると、仮御所の室町第泉殿《むろまちていいずみどの》で出家する。

後花園上皇は一四七〇（文明二）年、病気により同御所で崩御した。

なお、八代将軍足利義政《よしまさ》は、自身の行動を諫《いさ》めてくれたことで後花園上皇を慕って親交を結んでおり、その死を日野富子とともに看取っている。

まとめ
朝廷権威による幕府の統御を目指し、時に将軍義政を諫めた「聖王」

応仁の乱
人物データファイル
015

葉室光忠《はむろみつただ》

生没◆一四五一～九三

【所属軍】西

両親◆葉室教忠・葉室頼時の娘／兄弟◆不詳／正室◆阿野季遠の娘

細川政元に誅された公卿

葉室光忠は藤原北家勧修寺流《かじゅうじ》の公卿《くぎょう》（公家の中でも高い身分）の家柄。有職故実《ゆうそくこじつ》（朝廷などの礼儀作法）を司る家系であり、光忠の父・教忠《のりただ》は足利義視《よしみ》に仕え、従一位という高い地位にまで登りつめた人物。光忠は**応仁の乱**が勃発すると、父とともに西軍に加担。そのため官職を解かれ、美濃《みの》（岐阜県南部）へと下向。同じ美濃で亡命中の足利義視・義材《よしき》親子とは、ここで密接になったといわれる。

義材が将軍になると、光忠は申次《もうしつぎ》（取次役）として隠然たる権勢を誇り、義材の六角氏討伐にも従軍したが、その留守中、明応の政変により義材が没落。申次の職権を濫用した蓄財が、細川政元《まさもと》らに相当恨まれていたと思われ、その意を受けた武将に殺害された（諸説あり）。

まとめ
公家でありながら戦陣で最期を迎えた、異端の公卿

応仁の乱
人物データファイル
016

細川政元《ほそかわまさもと》

生没◆一四六六～一五〇七

【所属軍】東

両親◆細川勝元・山名熙貴の娘／兄弟◆めし（洞松院）／正室◆不詳

主従の一線を超えた下剋上の権化

細川政元は細川勝元《かつもと》の子。父勝元が一四七三（文明五）年に死去すると、政元は、八歳で家督を相続し、勝元の従兄弟の細川政国《まさくに》が後見人となった。父祖伝来の職掌《しょくしょう》である管領《かんれい》については、生涯で四度も飛び石で就任している。

一四八九（延徳元）年に九代将軍足利義尚《よしひさ》が逝去すると、政元は堀越公方《ほりごえくぼう》足利政知《まさとも》の子・清晃《せいこう》（のち義澄《よしずみ》）の擁立を図った。だが、十代将軍には畠山政長《まさなが》の後援を受けた足利義材《よしき》が就任する。そこで政元は政長を攻め滅ぼし、義材を廃して義澄を将軍とした（明応の政変）。その結果、強大な実権を掌握したが、近臣を重用しすぎたことも原因で内部抗争が激化。そののち、養子の澄之《すみゆき》と澄元《すみもと》の抗争に巻き込まれ、自邸で家臣らに暗殺された。享年四十二。

まとめ
蹴落とした人物は数知れず。すべての報いがわが身に跳ね返る

応仁の乱 人物データファイル 017

山名是豊《やまなこれとよ》

生没◆不詳

【所属軍】東

両親◆山名持豊（宗全）・生母不詳／兄弟◆教豊、勝豊、政豊？／正室◆不詳

父に対抗し東軍に走った反逆児

山名是豊は山名持豊《もちとよ》（宗全）の次男。一四五四（享徳三）年に父の宗全が宿敵・赤松氏の討伐をめぐって失脚したとき、家督を兄の教豊《のりとよ》が継ぎ、是豊は備後《びんご》（広島県東部）の守護職を継承したとされる。

また、一四六〇（寛正元）年に教豊が宗全の怒りに触れて追放された際、是豊は家督の移譲を願った。だが、これは却下され、教豊は許された。いっぽうで一四六二（寛正三）年、是豊は石見《いわみ》（島根県西部）と山城《やましろ》（京都府南部）の守護職を細川勝元《かつもと》から授かっている。

こうした恩義もあり、是豊は**応仁の乱**が勃発すると細川勝元の東軍に加担し、備後方面で奮戦するが、東西両軍の講和後に備後の国人たちの反発を受け、追放された。

まとめ

勝元の掌で踊らされた感がぬぐえない、東軍有数の変わり種

応仁の乱 人物データファイル 018

山名政豊《やまなまさとよ》

生没◆一四四一～九九

【所属軍】西

両親◆山名宗全？・生母不詳／兄弟◆教豊、勝豊？／正室◆不詳

大乱を終結させた宗全の後継者

山名政豊は山名教豊《のりとよ》の実子とも、山名宗全《そうぜん》の子で教豊の養子とも伝わる。一四六七（応仁元）年に教豊が早逝したため家督を相続した。**応仁の乱**が長引くなか、一四七三（文明五）年に宗全と細川勝元《かつもと》が相次いで死去すると、細川政《まさ》元《もと》と和議の交渉を開始し、翌年にこれが実現する。

一四七九（文明十一）年からは、赤松氏の扇動によって山陰地方で勃発した反乱を平定。同十三年には、**応仁の乱**後に赤松氏に占拠されていた播磨《はりま》（兵庫県南西部）などを一時奪還するが、最終的に失敗に終わった。

そのの ち、備後《びんご》（広島県東部）の国人が嫡子の俊豊《としとよ》を擁立して離反したため鎮圧するが、以後も国人たちの独立と離反は止まず、守護代《しゅごだい》（守護の代官）らの台頭を招いた。

まとめ

応仁の乱の最中に山名氏を継ぐが、宿敵赤松氏や国人の反乱に苦戦

応仁の乱
人物データファイル
019

足利義澄《あしかがよしずみ》

生没◆一四八〇～一五一一

【所属軍】一

両親◆足利政知・武者小路隆光の娘／兄弟◆茶々丸、潤童子など／正室◆日野阿子

仏門から将軍となるも茨の道を歩む

足利義澄は堀越公方《ほりごえくぼう》・足利政知《まさとも》の第二子として伊豆で生まれる。一四八五（文明十七）年、天龍寺《てんりゅうじ》香厳院《こうげんいん》の後嗣《こうし》（跡継ぎ）とされ、義澄は剃髪《ていはつ》して同院に入り清晃《せいこう》と号した。

一四九三（明応二）年、十代将軍足利義材《よしき》が出陣中に細川政元《まさもと》らがクーデター（明応の政変）を起こすと、義澄は還俗《げんぞく》して政元に擁立され、十一代将軍に据えられた。やがて成長した義澄は、自身が傀儡《かいらい》（操り人形）に過ぎないことに反発し、政元と衝突を繰り返すようになる。

一五〇七（永正四）年に政元が暗殺されると、今度は復権を志す義材と対立。義澄は近江《おうみ》（滋賀県）へと逃れ、義材を支援する勢力（大内氏ほか）と抗争を繰り広げたが、将軍復帰は叶わぬまま水茎岡山《みずぐきおかやま》城（近江八幡市）で没した。

まとめ

細川政元らの傀儡と自覚するも、対抗手段がまったくない悲劇

応仁の乱
人物データファイル
020

飯尾元連《いのおもとつら》

生没◆一四三一～九二

【所属軍】不詳

両親◆飯尾貞連・生母不詳／兄弟◆不詳／正室◆不詳

大乱の裏で幕政を支えた実務官僚

飯尾元連は、室町幕府の奉行人《ぶぎょうにん》（各種法務を行う官僚）などの要職を務めた人物。

応仁の乱開戦当時も、日替わりの当番制であった伺事《うかがいごと》（将軍の政務処理の補佐）の第四番として活動し、乱の最中のには比叡山延暦寺《ひえいざんえんりゃくじ》関連の処務《しょむ》を行う山門《さんもん》奉行も担当した。乱終了後は奉行中トップの公人《くにん》奉行となっており、**応仁の乱**前後の幕府の中枢にいた官僚だった。

一四八五（文明十七）年、九代将軍足利義尚《よしひさ》とその父足利義政の対立を背景に、義尚の親衛隊である奉公衆《ほうこうしゅう》と、義政に近い元連らの奉行人が対立すると、元連ら四十数名の奉行人は一斉に出家して義尚政権の政務を停止させるなど、その働きぶりは高く評価された。

まとめ

将軍義尚への抗議のため、出家で政務を停止させ影響力を行使

応仁の乱 人物データファイル 021

伊勢貞宗《いせさだむね》

生没◆一四四四〜一五〇九

【所属軍】不詳

両親◆伊勢貞親・生母不詳／兄弟◆不詳／正室◆不詳

足利義尚を教導した多才な官僚

伊勢貞宗は、八代将軍足利義政《よしまさ》を養育し影響力を誇った官僚《かんれい》（室町幕府の要職）伊勢貞親《さだちか》の息子。一四六六（文正元）年、父貞親が、義政の後継となった足利義視《よしみ》の排斥に失敗して伊勢《いせ》（三重県北・中部）に逃れると、義政の命により伊勢家を継いだ。

貞宗は、義政の嫡子・義尚《よしひさ》の養育を任され、義尚の成長後はその補佐役を努めた。

また、父貞親の専横《せんおう》を諌《いさ》め、義尚が義政と対立して出家を試みた際にもこれを諌めるなど、その良識と堅実な政治手腕で周囲から信頼される存在だった。

そのいっぽうで、弓術《きゅうじゅつ》（弓矢の武術）、和歌、連歌など諸芸にも優れた教養人という側面もあった。

まとめ　**父の失敗を糧に、幕政の安定化に心を砕いた良識ある人物**

応仁の乱 人物データファイル 022

畠山尚順《はたけやまひさのぶ》

生没◆一四七五〜一五二二

【所属軍】東

両親◆畠山政長・生母不詳／兄弟◆なし／正室◆不詳

乱後の畿内を動かした群雄の一人

畠山尚順は、**応仁の乱**当時、畠山氏を義就《よしひろ》と二分した政長《まさなが》の子。

一四九三（明応二）年、父政長が十代将軍足利義材《よしき》に従って出陣中に、細川政元《まさもと》がクーデターを決行した（明応の政変）。政長は孤立して正覚寺城《しょうかくじ》（大阪市平野区）に籠城後、尚順を逃がして自害した。

紀伊《きい》（和歌山県）に逃れた尚順は、旧領回復を目論み河内《かわち》（大阪府東部）に侵攻するが、細川政元らとの抗争は一進一退を繰り返す。一五〇七（永正四）年の政元暗殺後、細川家は内紛で澄元《すみもと》派と高国《たかくに》派に二分され、尚順は高国と協力し、畠山義就の孫である畠山義英《よしひで》らと抗争を続け、失地の一部を回復し、足利義材の復権にも貢献した。

まとめ　**父戦死の窮地から脱し、権勢回復を目論むも火種は絶えず**

応仁の乱
人物データファイル
023

日野良子《ひのよしこ》

生没◆不詳

【所属軍】不詳

両親◆日野重政・生母不詳／兄弟◆勝光、富子など／配偶者◆足利義視

将軍家の安泰を願った姉妹の妹

日野良子は日野富子の妹であり、一四六五（寛正六）年、足利義視《よしみ》の正室となる。この婚姻は、八代将軍足利義政《よしまさ》と富子の強い勧めがあった。翌年の一四六六（文正元）年、良子は後の十代将軍となる義材《よしき》を生む。そして、これだけ周辺に著名な人物がありながら、実は良子の人となりについてはほとんど伝わっていない。

姉富子との関係については、従来と認識が変わってきている。良子が義視と結婚した年、姉の富子は九代将軍足利義尚《よしひさ》を生んだ。これを機に、良子と姉夫婦の関係が拗《こじ》れたとされてきたが、近年では、義尚死後、姉の富子は良子の子義材を積極的に将軍に推していたことなどから、姉妹の主眼は将軍家と日野家の安泰にあったとみられている。

まとめ

のちの将軍の母でありながら、人となりはなぜか記録に乏しい

応仁の乱
人物データファイル
024

布施英基《ふせひでもと》

生没◆?～一四八五

【所属軍】不詳

両親◆布施貞基・生母不詳／兄弟◆不詳／正室◆不詳

義尚の奉公衆と対立し殺害された文官

布施英基は、鎌倉時代以来の奉行人《ぶぎょうにん》（各種法務を行う官僚）の家柄で、英基も政所執事《まんどころしつじ》（財政と領地に関する訴訟を担当する部署の長官）という高い地位にあった。

政所執事は、**応仁の乱**以降、機能が麻痺した幕府において数少ない実働部署で、英基らは政権運営に影響力をもっていた。この事を背景に、英基を含む奉行人と、九代将軍義尚《よしひさ》の奉公衆《ほうこうしゅう》との激しい対立が勃発した。

義尚は奉公衆に英基の屋敷を攻撃させ、英基は細川政元《まさもと》の手配で屋敷を脱出した。その後英基らは義尚への抗議のため、職場を放棄して集団で出家を強行。結局、義尚の父足利義政《よしまさ》が仲裁し、英基も許されたが、裁決を不服とした奉公衆によって殺害された。

まとめ

幕府を動かす高級官僚、抗議の出家は最悪の結末となる

応仁の乱
人物データファイル
025

細川政国《ほそかわまさくに》

生没◆一四二八～九五

分家から細川本家を支えた賢臣

【所属軍】東

両親◆細川持春・生母不詳／兄弟◆教春、賢春／正室◆不詳

細川政国は、細川家嫡流（管領家《かんれいけ》）の分家・典厩家《てんきゅうけ》の出である。八代将軍足利義政《よしまさ》に仕え、**応仁の乱**においては管領家の細川勝元《かつもと》（東軍）を支持した。

一四七三（文明五）年に勝元が亡くなると、政国は勝元の子の聡明丸《そうめいまる》（後の細川政元《まさもと》）の後見人となっている。政国は勝元の二歳年長で歳も近いこともあって、勝元やその周囲から信頼を得ていたのだろう。一四八五（文明十七）年に主君の足利義政が出家すると、政国も義政に従って出家し道勝と号した。一四八六（文明十八）年には西成郡《にしなりぐん》（摂津《せっつ》の郡部。大阪市西成区など）の分国守護に任じられ、同年には政元の命を受け、別の分家である阿波《あわ》細川家の内紛に介入した。政国死後は、子の政賢《まさかた》も政元を補佐した。

まとめ
公家からも信頼された足利義政の側近で、陰に陽に本家を後援

応仁の乱
人物データファイル
026

松田数秀《まつだかずひで》

生没◆不詳

足利義政政権を支えた官僚

【所属軍】不詳

両親◆松田秀興・生母不詳／兄弟◆不詳／正室◆不詳

松田数秀は、詳細な時期は不明だが、室町幕府奉行人《ぶぎょうにん》（各種法務を扱う官僚）の筆頭である公人《くにん》奉行（人事担当官）に任じられた有力官僚のひとりだった。**応仁の乱**以後、数秀は一族の者とともに政所寄人《まんどころよりうど》（訴訟評定に参加する役人）の筆頭である政所執事代《しつじだい》となっている。

また、数秀ら室町幕府を官僚として支えた松田一族は、のちに関東で権勢をふるう後北条氏《ごほうじょうし》に仕えた相模《さがみ》松田家とも家系が繋がっていたと考えられ、一四九五（明応四）年、後北条氏の始祖である北条早雲が小田原城に入場する際には、数秀一族でこれを後援したとされる。

こういった数秀の行動は、後に相模松田家を後北条氏の家老という地位に押し上げたことに繋がるであろう。

まとめ
相模国や北条早雲（後北条氏）とも縁の深い松田一族のひとり

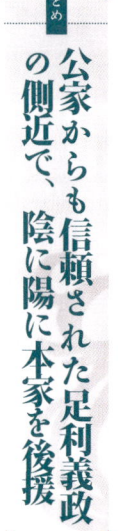

戦乱の中でも花開いた室町文化…その1

華道・茶道

戦乱に明け暮れた室町時代。しかし、現在も親しまれている華道や茶道が大成した、極めて文化的な時代でもあった。

現在に受け継がれている「立花飾」（『旧儀装飾十六式図譜』。国立国会図書館蔵）

華道

室町時代中期に現れた専慶が今日の「華道」の礎を築いた

華道（生け花）のルーツは、仏教における供花《くげ》（祭壇などに花を供える行い）に由来する。

仏教伝来（六世紀）とともにもたらされた供花方法に次第に変化が生まれ、室町時代に入ると仏教から離れて鑑賞する方法も現れた。

座敷飾りとして注目されるようになった室町時代後半には、八代将軍足利義政《よしまさ》に仕えた同朋衆《どうぼうしゅう》（殿中の雑用や美術工芸品の鑑定、諸芸能の顧問的役割を果たした）の立阿弥《りゅうあみ》や、公家・山科家の家司《けいし》（家政担当者）である大沢久守《おおさわひさもり》など、生け花（立花《りっか》と呼ばれた）の名手が登場。また、京都・六《ろっ》角堂《かくどう》（頂法寺《ちょうほうじ》、京都市中京区）の僧侶だった専慶《せんけい》の立花が評判をとり、これが華道流派の「池坊《いけのぼう》」のもととなった。彼らは寺院に限らず、幕府や公家の屋敷などでも立花を行った。

茶道

義政時代に奈良の僧侶が始めた「わび茶」が茶道のルーツ

遣唐使によって喫茶《きっさ》の風が中国からもたらされたとも考えられるが、確証はない。

鎌倉時代には、栄西《ようさい》（臨済宗の開祖）が南宋《なんそう》から持ち帰った「点茶《てんちゃ》」（抹茶）が、公家・武家・社寺の間に広まった。

室町時代中期には、奈良の僧侶・珠光《じゅこう》が登場し、八代将軍足利義政《よしまさ》の茶の師匠となった。義政の代には書院で行う新様式の茶が始まったが、客との精神の交流を重視した珠光の茶から、茶室で行う「わび茶」が生まれる。これはのちに千利休《せんのりきゅう》が洗練・大成した。

織田信長や豊臣秀吉の時代には、全国の大名が茶を愛好し、江戸時代中期になって「茶道」として定着をみるのである。

足利義政の東山山荘の書院茶装飾（『君台観左右帳記』。国立国会図書館蔵）

第2部 激闘武将編

激闘を繰り広げた武将たちの実情

応仁の乱において、実際に戦場で戦ったのは、将軍でも天皇でもなく、全国の守護大名とその家臣たちだった。彼らはなぜ東西両軍に分かれて戦わなければならなかったのか。そもそも、なぜ彼らは戦わなければならなかったのか。

京都周辺での戦い

応仁の乱が勃発するまで、中部・近畿・中国・四国の守護大名のほとんどは、京都に居住。開戦初期に京都での戦いに参加していたのは、これらの守護たちだった。

彼らはもともと、室町幕府の幕政に深いかかわりを持っていた。管領を務める細川・斯波《しば》・畠山氏、そして四職と呼ばれる侍所《さむらいどころ》の長官を務める山名氏、赤松氏、一色《いっしき》氏、京極《きょうごく》氏がその代表的な存在である。ちなみに、侍所の長官には、この四家に加えて土岐《とき》氏や今川氏が任じられることもあったので、実態は四職ではなく「六職」だったとする説もある。

そして、**応仁の乱**をさらに大規模なものとしたのは、周防《すおう》・長門《ながと》（ともに山口県）の他、北九州にも支配の手を広げ「西国の雄」と呼ばれた大内政弘《まさひろ》や、越前《えちぜん》（福井県嶺北地方、敦賀市）守護斯波氏の家臣、朝倉孝景《たかかげ》の存在だった。彼らはともに西軍として戦いに参加し、戦乱を京都周辺へと広げていった。

大内政弘は、事実上西軍の主力として、応仁の乱をリードしてきた武将だった。また朝倉孝景は、西軍武将として斯波氏を助け、京都で大暴れをした武将として知られる。後に孝景は、東軍の総帥《そうすい》（軍を指揮する役目）である細川勝元の誘いを受けて東軍に寝返り、越前守護の座を手に入れた（異説もある）。下剋上を特徴とする、戦国大名の先駆けとなるような武将だった。

彼らは、いずれも本国を留守にして、京都での戦乱に身を投じていた。すなわち、**応仁の乱**勃発時の京都及びその周辺には、もともと在住していた「関

朝倉氏が本拠として一乗谷朝倉氏館跡（福井市）

東や九州以外の大名」たちと、東西両陣営の求めに応じで京都にはせ参じた大名たちが混在していたことになる。

また、同じ一族の家督争いなども連動し、一族同士が東西両軍に分かれて戦うこともしばしばで、さらには朝倉孝景のように、戦いの過程で敵方に寝返るということも少なくなかった。**応仁の乱**の全体像や戦いの流れが把握しづらいのはそのためであろう。

戦乱の当事者たち

第1部で紹介した幕府首脳陣や朝廷の関係者は、**応仁の乱**を誘発して、また結果として戦乱を収束することができず、戦いを広めてしまった存在である。しかし、自ら馬に乗り、槍や刀を振るって戦場を駆け巡ったわけではない。いっぽう、この第2部で紹介する武将たちは、まさに血刀をふるって戦いを繰り広げた武将たちである。つまり、彼らこそが**応仁の乱**という戦乱の主役とみることもできるだろう。

畠山家の家督争いの当事者である畠山政長《まさなが》と義就《よしひろ》は、**応仁の乱**が勃発する前から対立抗争を繰り広げていた。

義就は、**応仁の乱**の始まりから終わりまで、一貫して戦いの当事者であり続けた唯一の武将といえる。しかし、彼らを除く畿内《きない》（京に近い国々）の守護大名は、東西両軍に分かれて戦ったとはいえ、実際のところ、**応仁の乱**の要因のひとつといわれる将軍継承者をめぐる争いには、ほとんど関係しない。

彼らが大切だったものは、自らの所領であり、あるいは自家をいかにして存続させるかということだった。ほとんどの大名は、中央の戦乱に乗じて、自らが当事者となる地元の領地争いや、自家の家督争いを有利に展開しようとしたのだった。つまり、彼らは自己の利益を第一に考えて、東西両勢力のどちらに付くかを考えたのである。

したがって、彼らの動向は必ずしも中央政界の動向や京都周辺での戦いの有利・不利とは連動しない。自分にとって有利と見れば、平気で東軍から西軍に寝返るということもあるし、隣接する対抗勢力が東軍についたので、仕方なく西軍に参加するという無原則な判断もありえたのだ。それもまた、**応仁の乱**の様相を複雑にしてしまっている要因のひとつだろう。

朝倉孝景《あさくらたかかげ》

下剋上の先駆けとして戦国大名へと成長

【所属軍】西→東

生没◆一四二八～八一

両親◆朝倉家景・生母未詳
兄弟◆朝倉経景・景冬・光玖など
正室◆朝倉将景の娘（円渓眞成大姉）

在職❖越前守護
官職❖弾正左衛門尉

朝倉家の家紋は子孫繁栄、鳥の巣をモチーフにした「木瓜紋」

越前《えちぜん》朝倉氏は、南北朝時代に斯波《しば》氏に従って越前（福井県嶺北地方、敦賀市）に入った朝倉広景《ひろかげ》を初代当主とし、代々斯波氏の重臣として仕えてきた。

七代目の朝倉孝景も、越前守護の斯波義敏《しばよしとし》を主君として仕えてきたが、一四五八（長禄二）年から翌一四五九（長禄三）年にかけて、義敏と越前守護代・甲斐常治《かいじょうち》の間で発生した長禄合戦《ちょうろく》において、甲斐方の主力として活躍し勝利へと導いた。

合戦での活躍に加え、合戦のさなかに甲斐常治が没したことから孝景の存在感は高まりを見せ、朝倉氏が台頭していくきっかけとなる。

そののち、渋川義鏡《しぶかわよしかね》の子義廉《よしかど》が斯波氏の当主に起用されると、孝景と甲斐氏はこれに従い、斯波氏の有力な武将として**応仁の乱**を迎える。

孝景は**応仁の乱**当初、西軍の主力として**上御霊社《かみごりょうしゃ》の合戦**や**相国寺《しょうこくじ》の合戦**で活躍し、軍功を上げていった。

しかし、巻き返しを図った斯波義敏が越前の大半を制圧すると、孝景は一四六八（応仁二）年閏十月、嫡男の氏景《うじかげ》を京都に残し、義敏討伐を目的として越前へと下向した。

その直前、西軍の切り崩しを図ろうとする東軍が孝景に東軍への勧誘を働きかけていた。義敏方が優勢な状況で、孝景は苦戦を強いられていたこともあり、越前守護職への任命を条件に交渉を重ねた結果、一四七一（文明三）年六月、東軍へと寝返った。

そののち、甲斐氏との争いを展開し、一四七二（文明四）年八月、甲斐方に勝利した孝景は越前を制圧。京都への重要な補給路であった越前を押さえた

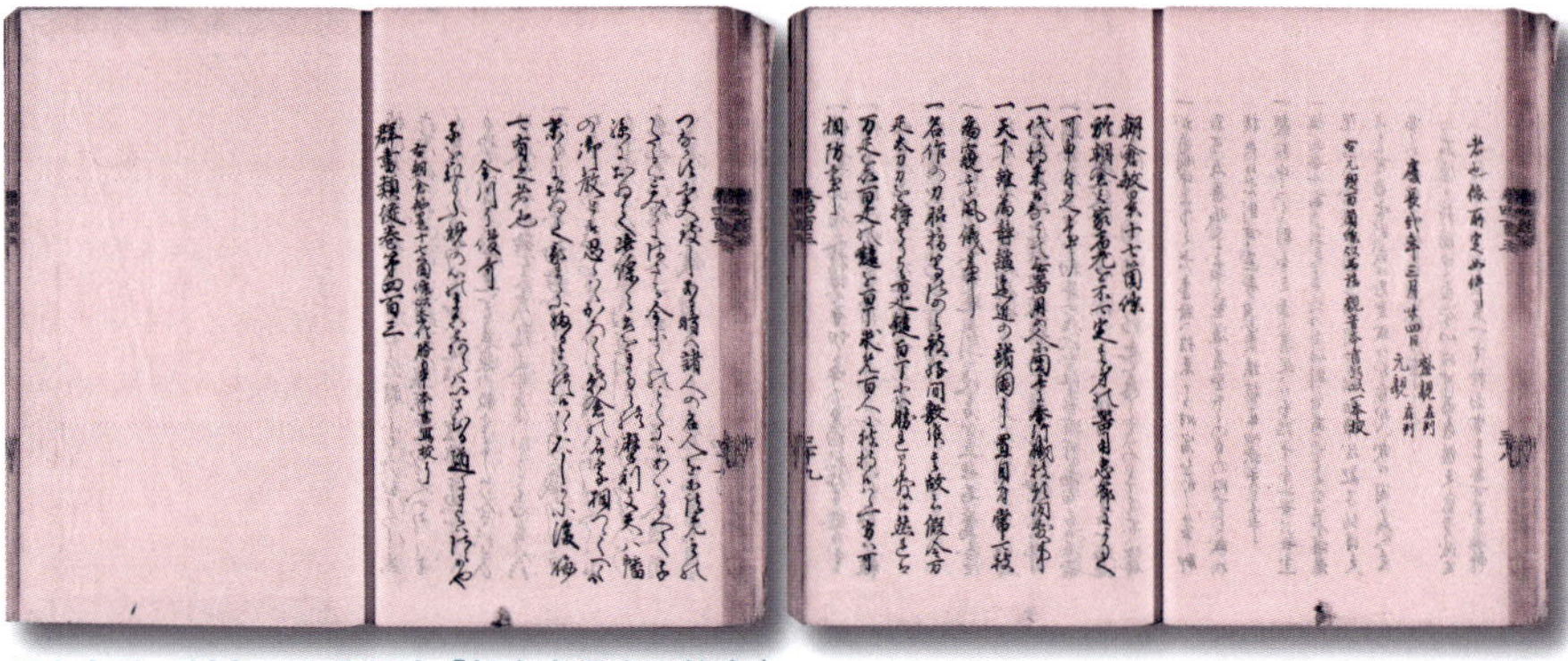

朝倉孝景が制定した分国法「朝倉孝景十七箇条」の冒頭(右)と末尾(『群書類従』。国立国会図書館蔵)

一乗谷朝倉氏館跡に残る城門のひとつ上城戸跡(福井市)

朝倉孝景（模写。東京大学史料編纂所蔵）

ことで東軍優位が確立したという意味で、孝景の寝返りは応仁の乱の大きな転換点となったのである。

越前を平定した孝景は、一条谷《いちじょうだに》に築城し、朝倉氏繁栄の基礎を築いた。しかし、甲斐氏や元服して斯波義寛《よしとお》と改名した松王丸（義敏の子）らの反撃を受け死去。享年五十四。

孝景は晩年、「朝倉孝景十七箇条」という家訓を残した。重臣の登用や質素倹約、近臣の登用、目付の配置や合戦の教訓、築城の禁止など、戦国大名のものの考え方を具体的かつ簡潔な文章でまとめたもので、戦国家法の先駆けとされている。

まとめ

下剋上のチャンスを最大限に活かし、戦国大名・朝倉氏の礎を築いた

大内政弘《おおうちまさひろ》

細川氏との対立関係から西軍の中心として活躍

【所属軍】西

生没◆一四四六～九五

両親◆大内教弘・山名宗全の養女（山名熙貴の娘）／兄弟◆大友正親室・山名政理室など／正室◆未詳

在職❖周防・長門・豊前・筑前守護、相伴衆
官職❖従五位、従四位下、従四位上、贈従三位、左京大夫

勇猛果敢な武将の反面、和歌を愛する知性も兼ね備えていた

大内政弘は、一四六五（寛正六）年、父教弘《のりひろ》の後を継いで、周防《すおう》・長門《ながと》（ともに山口県）・豊前《ぶぜん》（福岡県東部、大分県西部）・筑前《ちくぜん》（福岡県西部）などの守護となった。

政弘が家督を継いで間もなく起こった**応仁の乱**では、西軍の武将として参戦するが、その大きな要因は細川氏との対立にある。大内氏と細川氏は、日明貿易（勘合貿易）で競合関係にあり、遣明船のルートである瀬戸内海の制海権をめぐって争っていた。

政弘の父教弘は、細川勝元《かつもと》と敵対していた伊予《いよ》（愛媛県）の河野通春《こうのみちはる》を支援したことから両者の対立は激しくなり、政弘の代になっても、その対立関係は続いていた。

応仁の乱の緒戦では、勝元ら東軍が優勢に戦いを進めていたが、決定的な勝利を収めるまでには至っていなかった。しだいに西軍も兵力を強めていき、勢いを取り戻していく。

その大きな力となったのが、大内政弘の上洛であった。

政弘が本拠地の周防山口を発ったのは、一四六七（応仁元）年五月十日のこととされている。東西両軍がぶつかり合った「五月合戦」が始まったのは五月二十六日のことであり、政弘が上洛を企図したのは、それ以前ということになる。

政弘は、西軍の山名方が東軍との衝突を予想していたか、あるいは正月の**上御霊社《かみごりょうしゃ》の合戦**に勝ち、政局の主導権を握った山名方が体制を維持強化するため、山名宗全《そうぜん》によって上洛を促されていたかのいずれかによるものと考えられている。

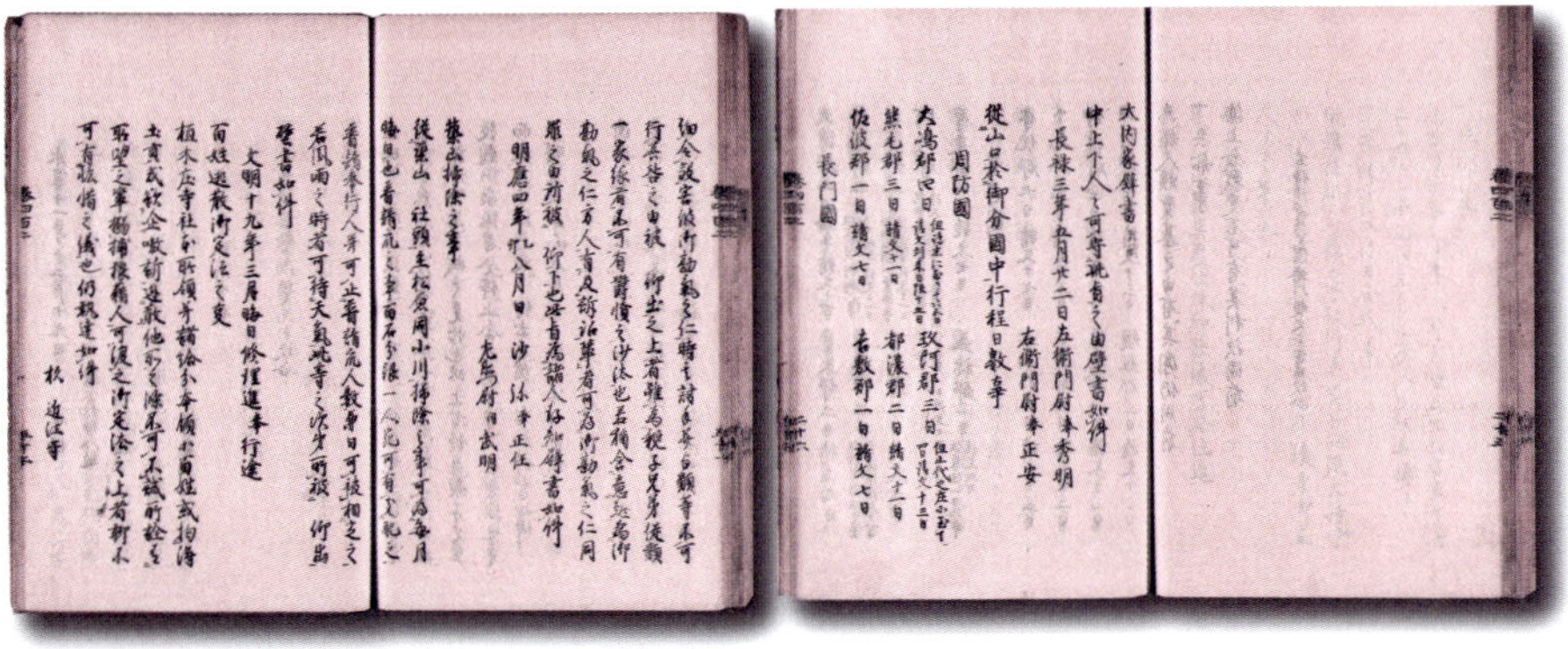

政弘が制定した「大内氏掟書」の冒頭（右）と末尾（『群書類従』より。国立国会図書館蔵）

政弘が率いたのは、周防、長門に加え、安芸《あき》（広島県西部）、石見《いわみ》（島根県西部）、筑前・筑後（福岡県南部）・豊前の九州勢、伊予《いよ》の八カ国の軍勢で、数万にも及ぶほどの大軍であった。

東軍は、政弘らの軍勢が到着する前に大きな戦果を上げて勝利を決定づけようと、和睦を模索していた足利義政《あしかがよしまさ》の意に反してまでも、西軍の討伐を推し進めたが、攻め切れていなかった。

八月に入って政弘が入洛すると、西軍は十月の**相国寺《しょうこくじ》の合戦**に勝利するなど勢いを盛り返す。しかし、東軍に決定的な打撃を与えるには至らず、戦線は膠着することとなる。

いっぽう、政弘が上洛して戦っているすきを狙い、一四六九（文明元）年、少弐政資《しょうにまさすけ》が筑前に攻め込んで旧領を回復し、翌年には政弘の叔父・大内教幸《のりゆき》が反乱を起こすなど、領国支配が揺さぶられる事態も生じていた。

政弘は、西軍の中心となって戦いを続けるが、一四七七（文明九）年、周防・長門・豊前・筑前の守護職を安堵され京都を去った。政弘ら西国の諸大名が帰国したことにより、**応仁の乱**は収束を迎えることとなる。

周防に戻った政弘は、翌一四七八（文明十）年九月、九州に渡って少弐氏を討ち、豊前・筑前を回復。また、評定衆《ひょうじょうしゅう》や奉行人の整備を行うなど、領国の支配体制強化を強めていった。

なお、政弘は文化への造詣が深いことでも知られ、画家の雪舟等楊《せっしゅうとうよう》らの文化人を保護した。

まとめ

応仁の乱の西軍で活躍した後、西国の支配体制強化に努めた

斯波義廉《しばよしかど》

家督争いと応仁の乱に翻弄された波乱の生涯

【所属軍】西

生没◆生没年不詳

両親◆渋川義鏡・山名摂津守（実名不詳）の娘／兄弟◆渋川義堯／正室◆山名宗全の娘

在職❖管領、越前・尾張・遠江守護
官職❖治部大輔、左兵衛佐

応仁の乱は、細川勝元《かつもと》と山名宗全《そうぜん》の対立に管領家である畠山氏、斯波《しば》氏の家督争い、将軍継嗣問題が絡んで起こったとされている。

そのうち、斯波氏の家督争いの一方の当事者となり、波乱の生涯を送ることになるのが斯波義廉《よしかど》である。

一四五九（長禄三）年、斯波宗家の当主で越前《えちぜん》（福井県嶺北地方、敦賀市）守護だった斯波義敏《よしとし》と守護代の甲斐《かい》常治《じょうち》との間で長禄《ちょうろく》合戦が生じる。この合戦で、将軍足利義政の怒りを買った義敏は失脚することとなる。

義敏失脚後、実子の松王丸（後の斯波義寛《よしひろ》）が家督を相続するが、一四六一（寛正二）年に松王丸も廃される。その後継として、同じく足利氏の一門である渋川義鏡《しぶかわよしかね》の子である義廉が養子として迎えられて家督を継ぐとともに、越前・尾張（愛知県西部）・遠江《とおとうみ》（静岡県）三国の守護職に任じられた。

しかしこの後、義廉と義敏の間では家督をめぐる争いが続き、これが応仁の乱の一因となっていくのである。

失脚した義敏は、周防《すおう》（山口県東部）の大内氏を頼って赦免交渉《しゃめんこうしょう》（罪や過ちを詫び、課された懲罰の減免を願い出ること）を重ね、義政の側近であった伊勢貞親《いせさだちか》の進言もあって、一四六五（寛正六）十二月に京へと戻ってきた。そして翌一四六六（文正元）年七月、義政は義廉から家督を剥奪して義敏に与え、三国の守護とした。

しかし、斯波氏家臣らの多くが義廉を支持し、義廉の舅《しゅうと》である山名宗全らが伊勢貞親を追放したため、義敏もその座を追われて越前へと退散した。**文正《ぶんしょう》の政変**である。

この政変によって、義廉は再び斯波氏の家督に復し、三国の守護にも返り咲いた。それればかりではなく、一四六七（応仁元）年正月、山名宗全の推挙により、畠山政長に代わって管領に就任した。

その直後、**応仁の乱**が発生する。義廉は西軍の山名方に属したが、当初は中立を保っていた義政が東軍にくみしたため、将軍は東軍、管領は西軍という事態になった。

同年六月、東軍優勢の状況下で、西軍から和睦の申し入れがなされる。このとき、義廉も東軍への降伏を考えたが、義廉の重臣である朝倉孝景の首を差し出せという義政からの条件は、義廉が飲めるものではなかった。

東軍による執拗な攻撃も、甲斐氏、朝倉氏の活躍で乗り切っていくが、一四六八（応仁二）年七月、義廉は義政によって管領を解任され、斯波氏の家督も剥奪されることとなった。

同年閏十月、義政が伊勢貞親を政務に復帰させると、義政と義視《よしみ》が対立。十一月、京都を出た義視は義廉邸に入り、西軍の将軍として奉じられた。これにより、将軍義視、管領義廉の体制による西幕府が発足し、義政の東幕府と対抗することとなる。

斯波義廉（『東山殿猿楽興行図』より。立命館大学ARC蔵、arcUP1745）

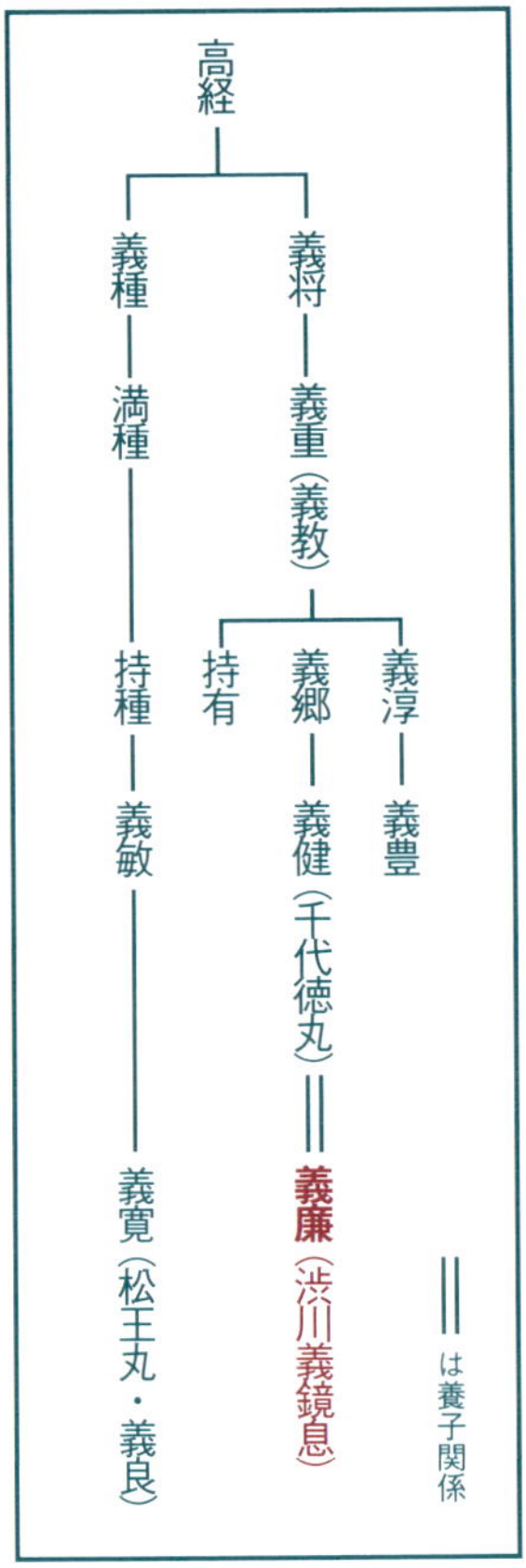

斯波氏関係系図

しかし、義廉にとって思わぬ事態が生じる。義廉軍の実質的な指揮官であった朝倉孝景が、一四七一（文明三）年、東軍へと寝返ったのである。そののち、有力な被官人であった甲斐氏、二宮氏も東軍へと帰順したことから、義廉の力は一気に衰退していく。

一四七五（文明七）年十一月、義廉は体制を建て直すべく京を離れ、尾張へと下向。義廉は尾張守護代の織田敏《とし》広《ひろ》に奉じられ、東軍にくみした織田敏《とし》定《さだ》らを一時駆逐するが、敏広が守護代を更迭されると義廉も幕府から凶徒と断じられ、尾張での支持勢力を失った。

これ以降の義廉の動向は不明。

まとめ

西軍の主力として活躍するが、重臣が離れてから勢力を失って衰退した

畠山政長《はたけやままさなが》

家督相続をめぐる義就との長年にわたる確執

【所属軍】東

生没◆一四四二～九三

両親◆畠山持富・生母不詳
兄弟◆畠山弥三郎など
正室◆京極持清の娘

在職❖管領、河内・紀伊・越中・山城守護
官職❖従四位下尾張守、弾正少弼、左衛門督

ライバル義就を攻撃し、応仁の大乱を引き起こしたが敗れる

応仁の乱の原因のひとつとなった管領家畠山氏の家督相続問題は、畠山持国《もちくに》が養子から実子へと後継者を変更したことに端を発する。

持国は、当初は弟である持富《もちとみ》を養子にして跡継ぎにすると決めていたが、そののち、庶出の子である義就《よしひろ》に変更した。これに反対した家臣らが持富の子・弥三郎《やさぶろう》を擁立し、畠山氏を二分する対立関係が出来上がった。

一四五四（享徳三）年、細川勝元らの支持を得た弥三郎派がクーデターを起こし、持国を隠居に追い込むとともに、義就を京都から追放した。しかし、同年十二月、将軍足利義政《よしまさ》が義就を家督に復帰させ、弥三郎は京都から追放された。

一四五九（長禄三）年、弥三郎が亡くなったことから、義就への新たな対抗馬として擁立されたのが、弥三郎の弟・政長である。

一四六〇（寛正元）年九月、義就への不信感を募らせていた将軍義政は、義就を罷免し、政長が畠山氏の家督を相続した。そして、一四六三(寛正四)年、河内嶽山城《だけやまじょう》（大阪府富田林市）に籠城した義就を攻め落として、一四六四（寛正五）年には管領となった。

しかし、一四六六（文正元）年、山名宗全の口添えで義就が赦免され、一四六七（文正二）年一月、政長は管領を罷免されてしまう。

同月十八日、政長は自邸を焼いて、上御霊社《かみごりょうしゃ》(現在の御霊神社)に陣を取り、押し寄せてきた義就の軍勢と戦う。**上御霊社の合戦**である。この合戦が、**応仁の乱**の幕開けとなった。

応仁の乱では、義就は宗全が率いる西

政長方の拠点だった河内の若江城跡（東大阪市）

畠山政長（『東山殿猿楽興行図』より。立命館大学ARC蔵、arcUP1745）

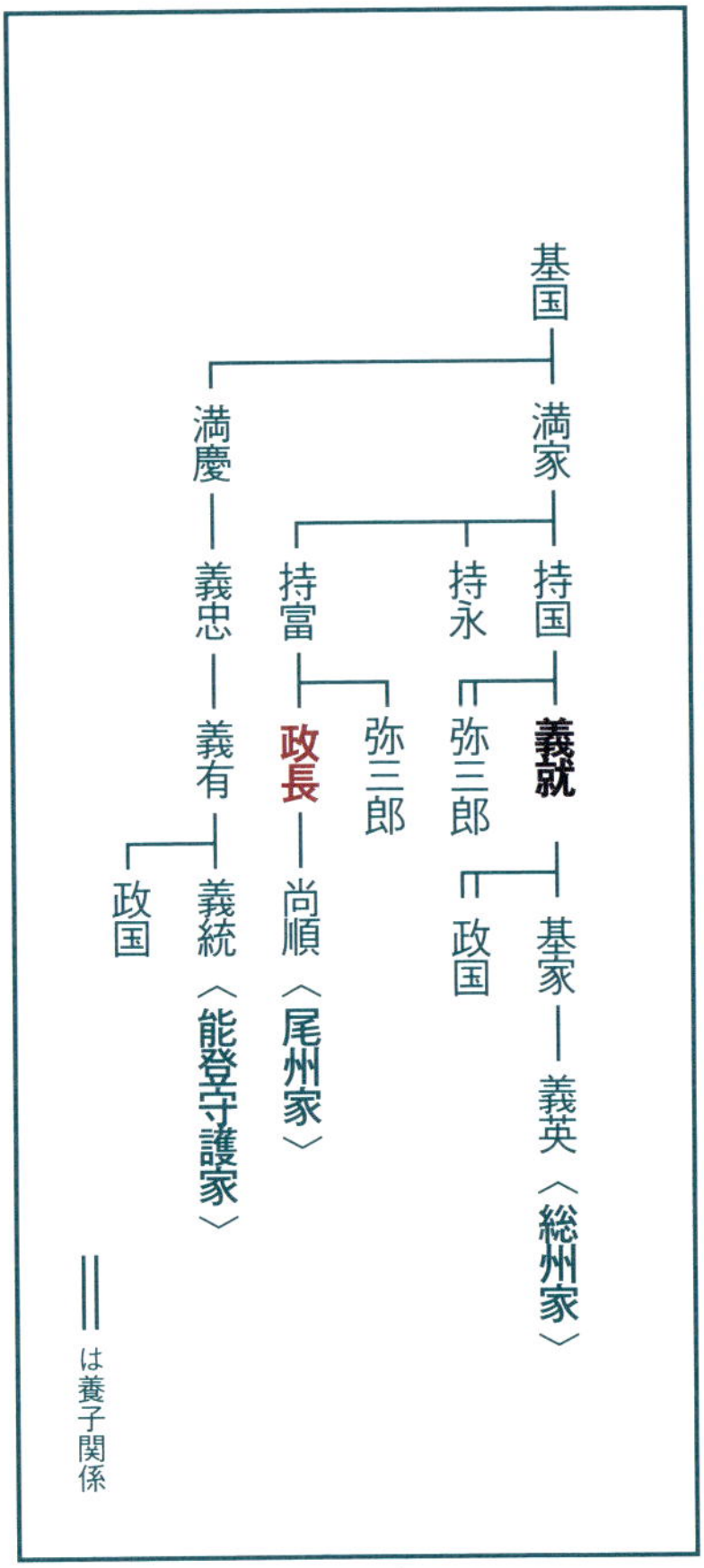

畠山政長と義就の関係系図

軍に属し、西軍きっての戦上手として、南山城《みなみやましろ》（京都府相楽郡《そうらく》）を実力で支配。

いっぽう、政長は一四七七（文明九）年、三度目の管領に任ぜられ、翌一四七八（文明十）年には山城守護も兼任した。

応仁の乱後も、政長と義就は、河内・南山城の支配をめぐって戦いを続けていくが、一四八五（文明十七）年に山城国一揆が起こったため、両軍とも南山城からの撤退を余儀なくされた。

一四九三（明応二）年、義就の子である基家《もといえ》の討伐のために河内に出陣するが、明応の政変に遭い、河内正覚寺《しょうかくじ》城（大阪市平野区）において家臣らとともに自刃した。享年五十二。

まとめ

応仁の乱終結後も、義就との領地をめぐって争う状態が続いた

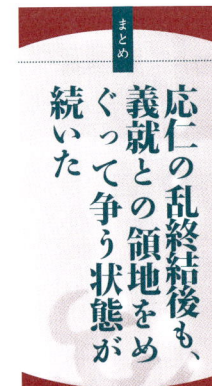

畠山義就《はたけやまよしひろ》

西軍の主力として幕府への対抗を続けた

【所属軍】西

生没◆一四三七(?)〜九一
両親◆畠山持国・生母不詳
兄弟◆なし
正室◆不詳
在職❖河内・紀伊・山城・越中守護
官職❖伊予守、右衛門佐

実力主義に徹し軍事的才幹に秀で、最後まで河内国を実効支配

畠山義就は、従兄弟の弥三郎《やさぶろう》・政長兄弟と家督をめぐり、生涯にわたって戦いを続けた。管領畠山持国《もちくに》の子として生まれたが、側室の子であったため本来は石清水八幡宮《いわしみずはちまんぐう》（京都府八幡市）の僧侶となるはずであった。

ところが、一四四八（文安五）年十一月、父の持国が弟の持富《もちとみ》を家督の後継者とする考えを撤回。当時十二歳であった実子の義就を元服させて後継者に立てたことから、畠山氏を二分した家督相続争いへと発展してしまう。

家臣の多数は義就の対抗馬として擁立された弥三郎（持富の子）を支持。いっぽう、義就を支持したのは将軍の足利義政であった。一四五四（享徳三）年八月、弥三郎派に襲われた持国は隠居、義就は京都追放となるが、同年十二月、義政が義就を家督に復帰させ、今度は弥三郎が京都追放となる。

ところが、一四六〇（寛正元）年九月、「上意」と称して南山城・大和で勢力拡大を図る義就に不信感を抱いた義政は、義就を罷免し、弥三郎の死後、新たに擁立された政長（弥三郎の弟）に家督を相続させる。義政は、畠山氏への態度を二転三転させたが、この優柔不断さが家督争いを長期化させた一因であることは否めない。

政長に家督が認められると、義就は河内嶽山城《かわちだけやまじょう》（大阪府富田林市）に籠城し、優れた軍事的才能を発揮して二年以上にわたって徹底抗戦の姿勢を示した。しかし、一四六三（寛正四）年四月に攻め落とされ、高野山から吉野へと逃れる。

一四六六（文正元）年十二月、山名宗全の支援を受けて上洛し、翌年の上《かみ》

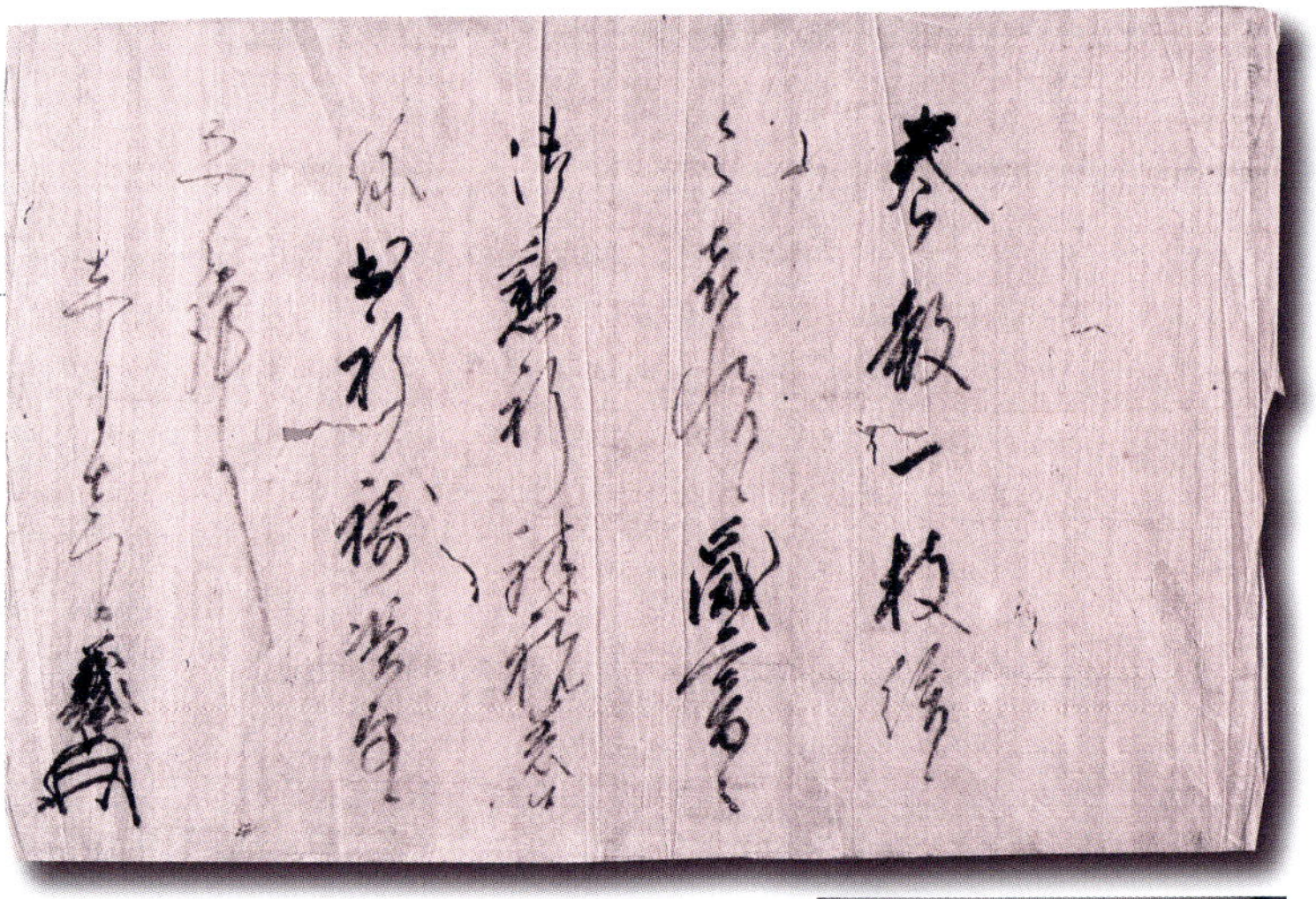

畠山義就書状
十二月十三日
(『田券と古文書』より。国立国会図書館蔵)

義就の本拠・河内高屋城跡の櫓台跡
(羽曳野市。羽曳野市教育委員会提供)

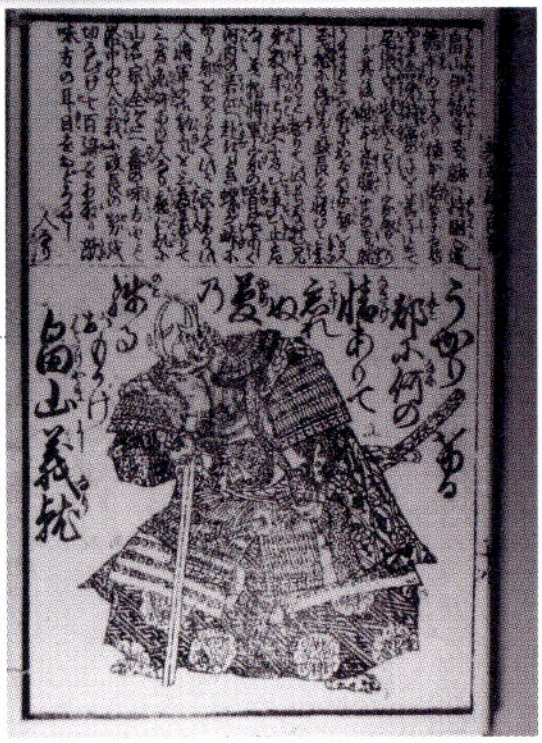

畠山義就(『続英雄百人一首』より。人間文化研究機構 国文学研究資料館蔵)

御霊社《ごりょうしゃ》の合戦で政長軍に勝利した。

この合戦が幕開けとなった**応仁の乱**では、西軍の主力として山城を実効支配し、幕府と敵対していくこととなる。

義就は、乱の終結後も政長との争いを続け、河内・大和を実効支配。自力で勢力を拡大していく姿勢は、さながら独立王国の領主のようだとも評されている。

しかし、一四八五(文明十七)年に起こった山城国一揆によって、南山城《みなみやましろ》からの撤退を余儀なくされ、その後は幕府から赦免《しゃめん》されることがないまま、政長に先立つこと三年、一四九〇(延徳二)年十二月に死去。享年五十四。

まとめ

応仁の乱終結後も争いを続け、幕府に抗い続けた独立独歩の武者

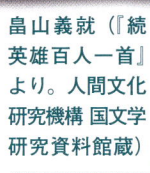

細川成之《ほそかわしげゆき》

東軍の将として活躍し、文化面にも才能を発揮

【所属軍】東

生没◆一四三四～一五一一

両親◆細川教祐・細川頼元の娘
兄弟◆不詳
正室◆不詳

在職❖相伴衆、阿波・三河守護
官職❖兵部少輔、讃岐守

連歌師らと交流し、絵画・犬追物・蹴鞠・猿楽にも詳しかった

細川成之は、細川教祐《のりすけ》の子として生まれ、叔父で細川氏の分家である阿波細川家当主の持常《もちつね》の養子となる。

一四四九（宝徳元）年、持常が死去したのに伴って家督を継ぎ、阿波《あわ》（徳島県）・三河《みかわ》（愛知県東部）の守護となった。

幕府に出仕すると、将軍の足利義政や細川勝元《かつもと》から信頼される存在となる。一四六二（寛正三）年には、幕府の命により、管領畠山政長《まさなが》を助けて管《かん》領代《れいだい》（管領の代行）として河内（大阪府東部）に出陣し、畠山氏の家督争いをしていた畠山義就《よしひろ》攻めに活躍した。

応仁の乱では、勝元が率いる東軍の将として活躍。細川氏と山名氏の対立が先鋭化するなか、一四六七（応仁元）年五月、諸国から京へ兵が動員され、合戦が展開される。

同月二十五日の晩から武士たちの動きが激しくなり、翌二十六日になると、成之と武田信賢《のぶかた》が、室町第《むろまちてい》（花の御所。室町幕府将軍の邸宅）の向かいにある一色義直《いっしきよしなお》の邸を急襲した。

さらに、一四六八（応仁二）年正月に斯波義廉《しばよしかど》の邸を攻撃して焼き払い、一四七一（文明三）年には近江《おうみ》（滋賀県）に出陣して六角《ろっかく》氏の軍勢を打ち破るなど、東軍の主力として活躍を見せた。

一四七三（文明五）年に勝元が死去した後は、東軍優位の状況下、細川勢を率いて西軍との争いを続けた。同じ年、成之は讃岐《さぬき》（香川県）の守護となる。

一四八五（文明十七）年十月、阿波で国人による反乱が起こったため、成之は子の政之《まさゆき》とともに急遽阿波に下国し、反乱を制圧した。

その後は政之に家督を譲り、出家し

て道空《どうくう》と号して世俗から離れた生活を送っていた。しかし、一四八八（長享二）年、政之が早世したため、備中守護家の養子となっていた次男の之勝《ゆきかつ》が義春《よしはる》と名乗って守護職を継いだ。

その義春も一四九五（明応三）年に死去し、孫の之持《ゆきもち》が後を継ぐが、まだ幼かったことから成之が後見となり、実質的に阿波を治めた。

一五〇四（永正元）年九月、摂津の守護代であった薬師寺元一《やくしじもとかず》が、細川政元を廃そうと、成之の孫である澄元《すみもと》を擁して反乱を起こした。政元は、反乱の背後に成之がいると疑って成之を討とうとするが、これも撃退した。

成之は晩年、再び世俗から離れた生活を送り、一五一一（永正八）年九月に死去。享年七十八。

成之は武将として華々しい活躍をするいっぽう、和歌、詩文、絵画、蹴鞠《けまり》、犬追物《いぬおうもの》（弓術）、猿楽などにも堪能で、文化的にも優れた人物であったことが知られている。

当時は、京都の東山山荘を中心に、武家、公家、僧侶らの文化が融合してうまれた東山文化が盛んな時代であったが、成之もその中に名を連ねた一人だったのである。

なお、成之が再興した徳島市阿波の丈六寺《じょうろくじ》には、一九六七（昭和四十二）年に国指定重要文化財となった「絹本《けんぽん》著色《ちゃくしょく》細川成之像」が収められている。この像は成之晩年の出家後の姿で、茶色い袈裟《けさ》を着けて腰を降ろした様子が描かれている。

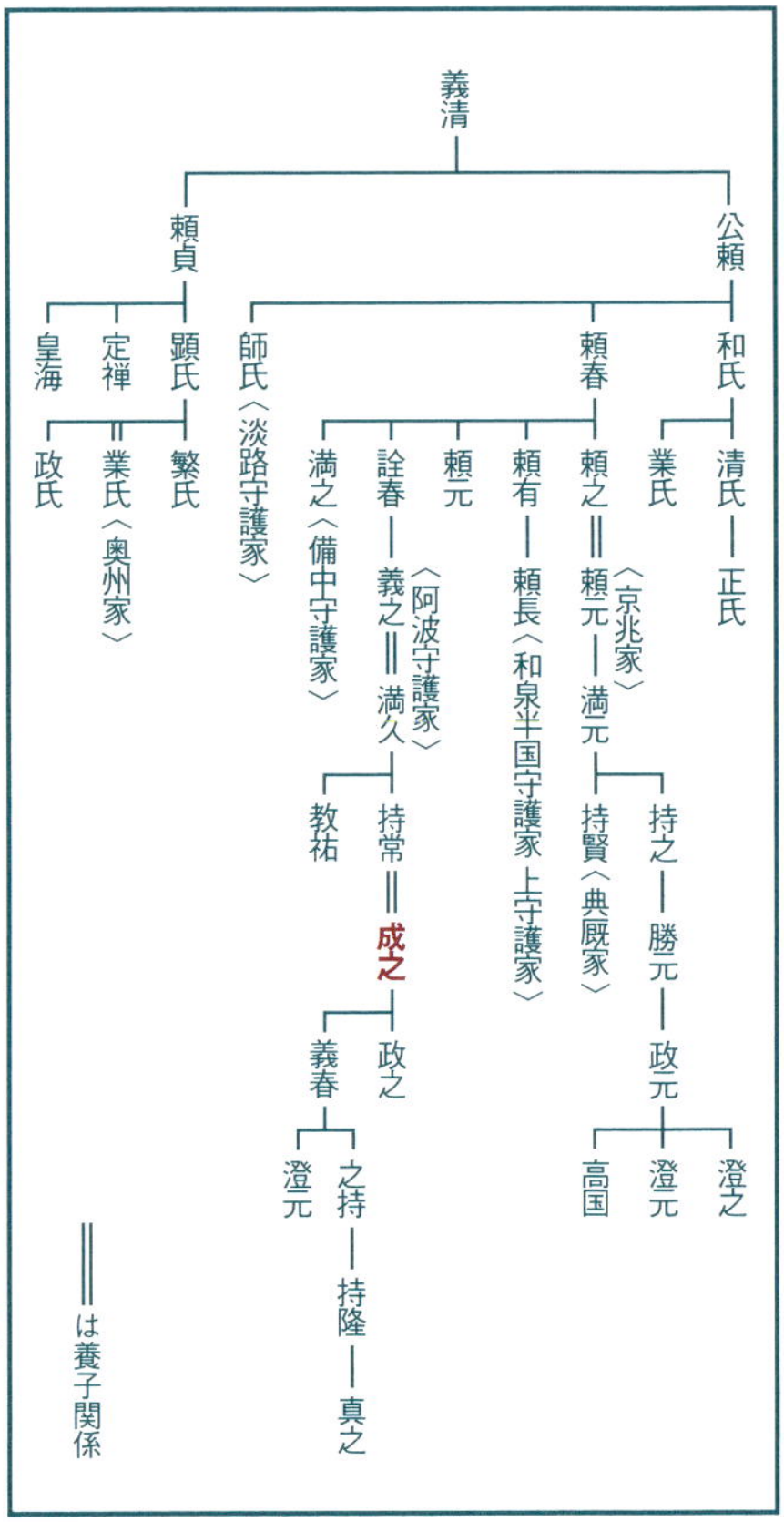

細川成之の阿波守護家と細川氏嫡流（京兆家）との関係図

まとめ

晩年は争いごとや世俗から離れ、和歌や絵画などに勤しむ生活を送った

赤松政則《あかまつまさのり》

【所属軍】東

生没◆一四五五～九六

両親◆赤松時勝・生母不詳
兄弟◆不詳
正室◆不詳

在職❖侍所頭人、加賀半国守護、播磨・美作・備前守護など
官職❖従三位、兵部少輔、左京大夫

赤松家を再興し、山名氏と領地争いを演じた猛将

芸術的な感性も備え、猿楽や作刀の名手でもあった

六代将軍足利義教《よしのり》の専制政治が進むなか、播磨《はりま》（兵庫県南西部）・備前《びぜん》（岡山県東南部）・美作《みまさか》（岡山県東北部）の守護を務めていた赤松満祐《あかまつみつすけ》が、義教を殺害する事件が起こった。**嘉吉の乱**である。これにより、赤松宗家は中絶することになる。

しかし、一四五八（長禄二）年、赤松氏の遺臣たちが南朝によって奪われていた神璽《しんじ》（天皇の印）を取り返した功により、赤松家は再興された。このとき、家督を相続したのが次郎法師丸、のちの政則である。政則には、勲功として加賀《かが》（石川県南部）北半国の守護職と太刀（重要文化財、銘備前国《めいびぜんのくに》新田荘《にったのしょう》住親依《じゅうちかより》）が与えられた。

赤松家の再興には、細川勝元《かつもと》による八代将軍義政への口添えがあったこともあり、政則は応仁の乱で勝元らの東軍に属した。一四六七（応仁元）年五月には、山名軍を追い払って播磨を奪還。九月には備前、美作も取り戻して、三国の守護職を回復した。

しかし、**応仁の乱**後も山名氏との対立は続き、一四八三（文明十五）年十二月には、山名政豊の播磨侵攻を受けて大敗すると、重臣の浦上則宗《うらがみのりむね》らによって惣領《そうりょう》（武士団の長）を更迭される。そののち、則宗と和解して山名氏勢と対抗し撃退に成功する。

一四九六（明応五）年閏二月、従三位に昇進するが、その直後、播磨坂田荘の長円寺《ちょうえんじ》で急逝。享年四十二。

まとめ
山名氏との激しい領地争いに勝利し、従三位にまで上り詰めた

朝倉氏景《あさくらうじかげ》

父の孝景とともに西軍の武将として活躍

【所属軍】西→東

生没◆一四四九〜八六

両親◆朝倉孝景・朝倉将景の娘（円渓眞成大姉）
兄弟◆朝倉景明・景総など
正室◆不詳

在職❖越前守護
官職❖不詳

朝倉氏景は、一四四九(宝徳元)年四月、越前朝倉氏七代目当主である孝景《たかかげ》の長男として生まれた。

応仁の乱では当初、父とともに西軍に属して戦った。

一四六八（応仁二）年閏十月、孝景が斯波義敏《しばよしとし》討伐を目的として越前《えちぜん》（福井県嶺北地方、敦賀市）に帰国した後も京都に留まったが、一四七一（文明三）年六月、孝景が東軍に寝返ると、氏景もこれに従い、同月八日に東軍の細川成之《しげゆき》の邸に入り、二十三日に越前へと下った。

その後は、朝倉勢の有力武将として父の越前平定を助け、同年八月の新庄《しんじょう》・鯖江《さばえ》の合戦などで大きな戦功を上げた。

一四八一（文明十三）年に孝景が亡くなると家督を継ぐ。

斯波義敏の子義寛《よしひろ》や甲斐《かい》氏の侵攻を受けるが、叔父たちを初めとした一族の協力を得て、斯波・甲斐勢と戦い、父孝景が平定した越前の統一を完成させた。

同年十月には、美濃《みの》守護代の斎藤妙椿《みょうちん》の調停によって、対立関係にあった斯波義廉《よしかど》の子の義俊《よしとし》を、足利氏一門の鞍谷《くらたに》氏の跡継ぎ「足利義俊」として名乗らせ、越前を名目上、鞍谷公方《くぼう》の領国とすることによって、越前の実効支配を維持するための大義名分を確保することに成功した。

一四八三（文明十五）年には、甲斐氏との和議も成立する。これにより、氏景が越前守護代、甲斐敏光《としみつ》が遠江守護代、織田敏定《としさだ》が尾張守護代と定められ、斯波氏の重臣である三氏の住み分けが確定した。

生涯の大半を父とともに行動した氏景だが、その父の死からわずか五年後の一四八六（文明十八）年七月四日に死去した。享年三十八。

まとめ

父孝景の後を継いで、越前の実効支配を確立させた

一色義直《いっしきよしなお》

細川・武田氏との確執から西軍に参戦

【所属軍】西→東

生没◆生没年不詳

両親◆一色義貫・生母不詳
兄弟◆一色義遠など
正室◆不詳

在職❖相伴衆、丹後・伊勢半国守護
尾張知多郡・三河渥美郡分郡守護
官職❖従四位下左京大夫、修理大夫

一色義直は、丹後《たんご》一色家の当主である義貫《よしつら》の子として生まれた。父の死後、従弟の教親《のりちか》が家督を継いだが、三十三歳で死去。教親には家督を継げる子がいなかったため義直が跡を継ぎ、丹後（京都府北部）・伊勢《いせ》（三重県の北中部ほか）半国の守護となった。

幕府では相伴衆《しょうばんしゅう》（将軍に随伴・相伴する役職）の職にあり、八代将軍足利義政《よしまさ》の信頼を獲得した。

応仁の乱では、西軍に参加。背景には、一色氏の旧分国である三河《みかわ》（愛知県東部）・若狭《わかさ》（福井県南部）を奪った細川・武田両氏が東軍に参加しており、武田信賢《のぶかた》の兄信栄《のぶひで》が父を死に追いやったという経緯がある。

義直の父義貫は、六代将軍足利義教の供奉《ぐぶ》（祭礼などの行事）に参加しないなど、次第に対立する状況にあった。そして、一四四〇（永享十二）年、大和《やまと》（奈良県）で越智《おち》氏の反乱を鎮圧する中、義教の命を受けた武田信栄《のぶひで》によって自害に追い込まれたのである。

応仁の乱の緒戦である「五月合戦」では、一四六七（応仁元）年五月二十六日、室町第《むろまちてい》（花の御所。足利将軍家の邸宅）に隣接していたため、義直邸が真っ先に東軍の急襲を受けたが、義直は直前に脱出。そののち、邸には火が放たれ、焼け落ちた。同年十月の**相国寺《しょうこくじ》の合戦**では、当初、相国寺を占拠したが、東軍の急襲に遭って寺を奪還された。

一四七四（文明六）年四月、東軍の細川政元《まさもと》と西軍の山名政豊《まさとよ》の間で和睦が成立すると、義直は東軍に帰服して隠居し、嫡男の義春《よしはる》に家督を譲った。義春は、父が武田信賢に奪われた丹後守護職を回復する。

しかし、その義春は一四八四（文明十六）年九月に十九歳の若さで急逝。義直が再び丹後守護に復帰した。

まとめ

和議後は東軍に帰順し、旧領も回復するが、晩年の動向は不明

応仁の乱 人物データファイル 036

今川義忠《いまがわよしただ》

東軍に属し、斯波義廉を相手に遠江攻略を狙う

【所属軍】東

生没◆一四三六〜七六

両親◆今川範忠・上杉氏定の娘
兄弟◆今川範勝・範慶
正室◆北川殿（伊勢盛定の娘）

在職❖駿河守護
官職❖従五位下、上総介、治部大輔

今川義忠は、今川家八代当主であり、桶狭間《おけはざま》の戦いで織田信長に討たれた今川義元《よしもと》の祖父にあたる。

父範忠《のりただ》が病気で危篤になったことで家督を継ぎ、駿河《するが》（静岡県中部・北東部）の守護職となった。

応仁の乱が起こると、将軍警護の名目で上洛し、室町第《むろまちてい》（花の御所。足利将軍家の邸宅）に入って、東軍に属した。西軍からの誘いもあったが、今川氏と対立していた遠江《とおとうみ》（静岡県静岡県中・西部）守護の斯波義廉《しばよしかど》が西軍に属していた関係から東軍に属した。

一四五四（享徳三）年、関東において、鎌倉公方《かまくらくぼう》（鎌倉府の長官）の足利成氏《しげうじ》が、関東管領の山内《やまのうち》上杉氏・扇谷《おうぎがやつ》上杉氏と対立した享徳《きょうとく》の乱が起こると、幕府から成氏を討つように命じられた父範忠に代わって出陣。鎌倉を攻略した功績により、八代将軍義政《よしまさ》から感状《かんじょう》（武功を賞賛する文書）を受けたとされる。

一四六八（応仁二）年、義忠は遠江の義廉の動きを牽制すべく、細川勝元《かつもと》の要請によって駿河に帰国。斯波氏討伐と自らの勢力拡大を図るべく、積極的に遠江への侵攻を進めた。

また、一四七三（文明五）年には、三河《みかわ》（愛知県東部）守護の細川成之《しげゆき》を支援するために出陣する。ところが、兵糧用として将軍から預けられた所領をめぐって同じ東軍の斯波氏と対立。このため、東軍同士でありながら細川成之とも敵対関係になってしまう。

一四七六（文明八）年、遠江の国人が義忠に背いたために出陣し討ち倒した。しかし、その帰途、遠江小笠郡塩《しょう》買坂《かいざか》において相手方の残党に襲われ、流れ矢に当たって討ち死にしたとされる。享年四十。義忠死後の今川家は家督争いが勃発し、嫡子が幼少であったことから、混乱を極めることになった。

まとめ

遠江侵攻を進めていく中、流れ矢に当たって討ち死にを遂げる

応仁の乱
人物データファイル
037

京極持清《きょうごくもちきよ》

生没◆一四〇七〜七〇

【所属軍】東

両親◆京極高光・正親町三条公豊の娘／兄弟◆京極持高・細川持之室／正室◆不詳

東軍に属し、同門の六角氏と対立

京極持清は、鎌倉公方《くぼう》足利持氏《もちうじ》が将軍の後継をめぐって六代将軍足利義教《よしのり》と対立した永享《えいきょう》の乱で、持氏の追討に出陣し、功を上げる。一四四一（嘉吉元）年の**嘉吉の乱**では、義教とともに叔父の高数《たかかず》が討たれたため、持清が家督を相続し、出雲《いずも》（島根県東部）など三国の守護となった。

嘉吉の乱の際は、京都の警固《けいご》などで武功を上げ、侍所《さむらいどころ》所司《しょし》（軍事・警備担当の役職）となる。

応仁の乱では東軍に属し、同族の六角高頼《たかより》が西軍についたため、六角軍と戦って観音寺城《かんのんじ》（滋賀県近江八幡市）を攻め落とした。一四六九（文明元）年、六角氏に代わって近江《おうみ》（滋賀県）守護に任ぜられた。その後も六角氏との戦いが続くが、一四七〇（文明二）年に病死。享年六十四。

まとめ
永享の乱や嘉吉の乱で武功を上げ、侍所所司となった

応仁の乱
人物データファイル
038

武田信賢《たけだのぶかた》

生没◆一四二〇〜七一

【所属軍】東

両親◆武田信繁・武田信春の娘／兄弟◆武田信栄・国信・元綱／正室◆不詳

若狭武田氏の基礎を築いた

武田信賢は一四四〇（永享十二）年、兄信栄《のぶひで》を継いで若《わか》狭《さ》（福井県南部）守護となる。この職は、信栄が一色義貫《いっしきよしつら》を討った恩賞で得たものであった。一四四一（嘉吉元）年六月、六代将軍足利義教《よしのり》が赤松満祐《みつすけ》に殺される**嘉吉の乱**が起こると、赤松氏討伐軍に従軍する。その間、若狭で一色氏の浪人が土一揆《つちいっき》と絡んで蜂起したため、若狭に引き返して制圧。一四四四（文安元）年に半済《はんぜい》を行うなどして若狭武田氏の基礎を築いた。

応仁の乱では東軍に属し、西軍の大内政弘《まさひろ》・一色義直《よしなお》らと戦った。一四六九（文明元）四月には攻め滅ぼした義直に代わって丹後《たんご》（京都府北部）守護に任じられた。一四七一（文明三）年六月に病死。享年五十一。

まとめ
応仁の乱では東軍に属し、西軍の大内氏・一色氏らと戦った

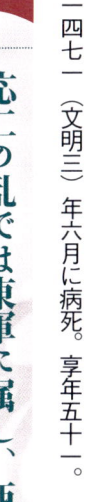

応仁の乱
人物データファイル
039

畠山義統《はたけやまよしむね》

生没◆生年不詳～一四九七

【所属軍】西

両親◆畠山義有・賀茂神社社家竹内氏の娘／兄弟◆畠山政国／正室◆蔵春院

義就を支持して西軍にくみする

父の畠山義有《よしあり》が戦死したため、幼児であった義統が跡継ぎに指名され、一四五二（享徳元）年に祖父義忠《よしただ》の後見を受けて能登《のと》（石川県北部）守護となる。

一四五五（享徳四）年、祖父の隠居によって四代当主となり、幕府御相伴衆《ごしゅうばんしゅう》（将軍に随伴・相伴する役職）に加わる。畠山宗家の家督相続争いでは、義就《よしひろ》方を支持。**応仁の乱**でも、義就派の山名宗全《そうぜん》が率いる西軍に加わり、東軍の細川勝元《かつもと》や畠山政長《まさなが》らと戦った。**応仁の乱**終結後は、領国である能登の権力再編や強化に専念し、のちに戦国大名となるための基礎固めを行ったとされる。

義統は、和歌、連歌にも優れ、歌人の正徹《しょうてつ》（臨済宗の歌僧）らと親交があった。

まとめ
応仁の乱後は能登に在国し、領国の支配強化に務めた

応仁の乱
人物データファイル
040

六角高頼《ろっかくたかより》

生没◆生年不詳～一五二〇

【所属軍】西

両親◆六角久頼・生母不詳／兄弟◆不詳／正室◆不詳

幕府の追討を乗り切り近江に君臨

応仁の乱では、西軍に属して東軍の京極持清《きょうごくもちきよ》や、従兄弟の六角政堯《まさたか》・政信《まさのぶ》らと争った。

応仁の乱後は、公家《くげ》・寺社領や幕府近臣の所領を横領《おうりょう》し続けたため、一四八七（長享元）年九月、九代将軍足利義尚《よしひさ》の追討を受けるが、甲賀《こうが》（滋賀県）や伊勢《いせ》（三重県の北中部周辺）に逃れる。一四九一（延徳三）年には十代将軍義稙《よしたね》の追討を受けるが、うまく落ち延びて勢力を回復。この間、近江《おうみ》（滋賀県）守護職についても、解任と復帰をたびたび繰り返すが、近江で確固たる支配力を築いていく。

晩年は、政務の実権をめぐり対立していた家臣の伊庭《いば》貞隆《さだたか》との抗争に悩まされるが、一五二〇（永正十七）年八月、高頼が勝利を収めた。しかし、同年十月、病没。

まとめ
近江で確固たる支配力を築き、伊庭氏との抗争にも勝利した

応仁の乱
人物データファイル
041

京極政経《きょうごくまさつね》

生没◆一四五三～一五〇八？

【所属軍】東

両親◆京極持清・生母不詳／兄弟◆京極勝秀・政光・畠山政長室／正室◆不詳

京極氏の家督をめぐる攻防の生涯

応仁の乱では、父持清《もちきよ》とともに東軍で戦うが、一四七〇（文明二）年に父が死去。兄勝秀《かつひで》はすでに亡く、兄の子の孫童子丸《まごどうじまる》が家督を継ぎ、政経が後見人となった。しかし、一四七一（文明三）年に孫童子丸が若くして死ぬと、政経が家督を継ぎ、出雲《いずも》（島根県東部）、隠岐《おき》（島根県隠岐郡）、飛騨《ひだ》（岐阜県北部）の守護となる。

そののち、近江《おうみ》（滋賀県）守護にも任じられ家督の実権を握るが、以前からあった甥の京極高清《たかきよ》との家督争いが再燃。六角高頼《たかより》らの支援を得た高清に敗北し、政経は近江守護職を失う。しかし、九代将軍足利義尚《よしひさ》の六角高頼攻めに出兵し勝利。ふたたび近江守護職に復するが、五年後に解任。その後も高清と争うが、挽回できぬまま死去した。

まとめ
甥の高清との激しい家督争いを続けるも敗れ去る

応仁の乱
人物データファイル
042

斯波義寛《しばよしひろ》

生没◆一四五七～一五一三？

【所属軍】東

両親◆斯波義敏・生母未詳／兄弟◆斯波寛元・義雄・斯波義孝室／正室◆未詳

朝倉敏景と対立し抗争を続けた

父義敏《よしとし》が家臣の甲斐常治《かいじょうち》との抗争（長禄合戦）で失脚したため、まだ三歳の松王丸（後の義寛）が家督の座に据えられた。一四六〇（長禄四）年、尾張《おわり》（愛知県西部）・遠江《とおとうみ》（静岡県中・西部）・越前《えちぜん》（福井県嶺北地方、敦賀市）守護を継いだ。しかし、一四六一（寛正二）年九月、八代将軍足利義政《よしまさ》によって出家させられ、相国寺《しょうこくじ》の僧となった。

応仁の乱では東軍に属した。一四七一（文明三）年、東軍に寝返った朝倉孝景《たかかげ》に擁立されて斯波氏家督の地位に復帰。しかし、越前守護となった孝景と対立して抗争となり、一四八一（文明十三）年に加賀《かが》（石川県南部）に落ち延びる。そののち、越前の回復を目指し、朝倉氏を訴えて争うが、越前回復には至らなかった。晩年の動向は不詳。

まとめ
朝倉敏景と越前をめぐって争いを続けるも敗北した

応仁の乱 人物データファイル 043

神保長誠《じんぼうながのぶ》

生没◆生年不詳～一五〇一

【所属軍】東

両親◆不詳／兄弟◆不詳／正室◆不詳

畠山政長の腹心として活躍

神保氏は、管領家畠山氏の譜代家臣である。長誠は、畠山氏の家督相続争いで弥三郎《やさぶろう》を推し、弥三郎の死後は弟の政長《まさなが》を擁立して、その腹心として仕えた。義就《よしひろ》との争いに敗れた政長は、一四六七（応仁元）年正月、長誠の策を入れて上御霊社《かみごりょうしゃ》（現在の御霊神社）に布陣。**応仁の乱**のきっかけとなる**上御霊社の合戦**が始まった。合戦では政長方が敗北するが、長誠は目覚しい活躍ぶりを見せた。

一四九三（明応二）年、管領細川政元《まさもと》らが十代将軍足利義材《よしき》を幽閉して義澄《よしずみ》を十一代将軍として擁立した明応の政変では、長誠らが幽閉された義材を救出して放生津《ほうじょうづ》（富山県射水市）にかくまい、将軍復帰を支援した。一五〇一（文亀元）年、病気のため、波乱に富んだ生涯を閉じた。

まとめ　明応の政変では、足利義材を救出し将軍復帰を支援した

応仁の乱 人物データファイル 044

多賀高忠《たがたかただ》

生没◆一四二五～八六

【所属軍】東

両親◆京極高数・生母不詳／兄弟◆不詳／正室◆不詳

京極持清の重臣として活躍

多賀高忠は京極持清《きょうごくもちきよ》の重臣で、一四六二（寛正三）年、京都侍所所司代《さむらいどころしょしだい》に任じられ、治安維持などの実務を取り仕切った。しかし、一四六六（文正元）年に持清が失脚すると高忠も解任される。

応仁の乱では京極持清とともに東軍に属し、西軍の六角氏の本拠である観音寺城《かんのんじ》（滋賀県近江八幡市）を攻略するなどの功を上げる。持清が亡くなった後の家督争いでは京極政経《まさつね》方につき、高清《たかきよ》方と抗争になるが、近江を追われ、隠遁生活を送る。一四八五（文明十七）年に京都侍所所司代に再任され、土一揆《つちいっき》の鎮圧などに尽力したが、翌一四八六（文明十八）年に死去。享年六十二。和歌や連歌にも長じた当時の知識人の一人でもあった。

まとめ　持清の死後は政経を支持し、晩年は侍所所司代として活躍

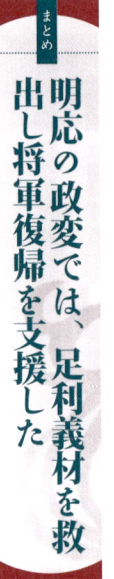

応仁の乱
人物データファイル
045

武田国信《たけだくにのぶ》

生没◆一四三七～九〇

【所属軍】東

両親◆武田信繁・生母不詳／兄弟◆武田信栄・信賢・元綱／正室◆不詳

兄信賢の死後、若狭守護を継ぐ

応仁の乱では、兄の信賢《のぶかた》、弟の元綱《もとつな》とともに東軍に属して戦う。一四七一（文明三）年六月の信賢の死後、幼かった嫡子に代わって家督を継ぎ、大膳大夫《だいぜんだいぶ》に任ぜられた。

一四七四（文明六）年、山名政豊《まさとよ》と細川政元《まさもと》の講和に参画。武田氏が一色義直《よしなお》から奪った丹後《たんご》領（京都府北部）の返還が講和条件の一つであった。

丹後の武田氏被官人は返還を拒んで一色氏と戦ったが、国信の援軍はなく、武田軍は壊滅した。そののち、山城《やましろ》（京都府南部）守護に任ぜられるが辞退。そして、九代将軍足利義尚《よしひさ》の六角討伐に出征した後、若狭に下国し、一四九〇（延徳二）六月に病没。享年四十九。文芸面にも優れ、連歌や和歌の会を催した。

まとめ
東西両軍の講和に参画するも、武田軍の壊滅を招いた

応仁の乱
人物データファイル
046

武田元綱《たけだもとつな》

生没◆一四四一～一五〇五

【所属軍】東→西

両親◆武田信繁・生母不詳／兄弟◆武田信栄・信賢・国信／正室◆不詳

東軍から西軍に転じ、その後和解

応仁の乱では、兄の信賢《のぶかた》、国信《くにのぶ》とともに東軍に属し、西軍と戦うが、一四七一（文明三）年に西軍からの誘いに乗じて離反し、大内氏に寝返った。分国守護代的な立場から脱却して、惣領家からの独立を画策していたことが理由だとされている。

一四八三（文明十三）年、大内政弘《まさひろ》らの仲介で国信と和解し、安芸《あき》分国（広島県西部）の経営を任されるが、実質的には国信が分国守護職を握ったままであった。一四九八（明応七）年に大内義興《よしおき》が安芸に侵攻してきたときは息子の元繁《もとしげ》とともに戦い、義興を撃退する。

その後も、大内氏からの圧迫に悩まされ続け、一五〇五（永正二）年に病没。享年六十四。

まとめ
安芸分国の経営を任されるが、大内氏の圧迫に悩まされ続ける

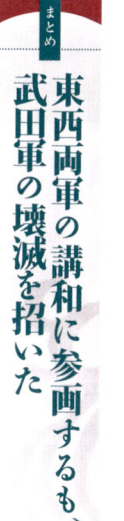

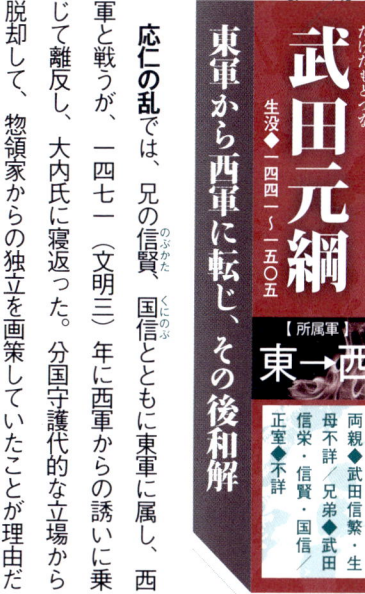

応仁の乱
人物データファイル
047

畠山弥三郎《はたけやまやさぶろう》

生没◆生年不詳～一四五九

【所属軍】東

両親◆畠山持富・生母不詳／兄弟◆畠山政長／正室◆不詳

家督争いで義就の対抗馬となる

父畠山持国《もちくに》には嫡男がなかったため、弟である持富《もちとみ》を養子にして家督を継がせるとしていた。ところが、一四四八（文安五）年、持国が持富ではなく、実子の義夏《よしなつ》（後の義就《よしひろ》。以後、義就で統一）を新たに後継に指名したことから、畠山氏を二分する事態となる。一四五二（宝徳四）年に持富は死去するが、義就の家督相続に反対する家臣たちも依然として多く、彼らが持富に代わる対抗馬として擁立したのが、持富の子・弥三郎であった。

一四五四（享徳三）年、一時は弥三郎に家督が認められるが、同年十二月弥三郎は京都を追放され、義就が家督を取り戻した。弥三郎は一四五九（長禄三）年に死去。弥三郎派は、弟の政長《まさなが》を立てて義就派に対抗した。

まとめ

畠山氏の家督相続争いに翻弄されながら生涯を閉じた

応仁の乱
人物データファイル
048

畠山義豊《はたけやまよしとよ》

生没◆一四六九？～九九

【所属軍】西

両親◆畠山義就・生母不詳／兄弟◆畠山修羅／正室◆不詳

畠山尾州家との二代にわたる争い

畠山義豊は一四九一（延徳三）年、父義就《よしひろ》の死去に伴って畠山総州家の家督を相続。一四九二（明応元）年には、十代将軍足利義稙《よしたね》の六角高頼《たかより》討伐に従軍する。

父義就が死去した後も、畠山政長《まさなが》（畠山尾州家）との家督をめぐる対立は続いていく。一四九三（明応二）年、政長は義稙を擁して義豊追討を図るが、政長と対立していた細川政元《まさもと》によるクーデター（明応の政変）が発生。政元にくみしていた義豊は政長を自刃に追い込み、義豊が畠山氏惣領と河内《かわち》（大阪府東部）・紀伊《きい》（和歌山県、三重県南部）守護の地位に就く。しかし、一四九七（明応六）年に重臣の遊佐《ゆさ》氏らが内紛を起こしたのに乗じて政長の子・尚順《ひさのぶ》に攻められ、一四九九（明応八）年一月に戦死した。

まとめ

父の代からのライバル政長を討つが、その子の尚順に討たれる

応仁の乱
人物データファイル
049

細川勝久《ほそかわかつひさ》

生没◆生没年不詳

守護代の庄元資と抗争

【所属軍】東

両親◆細川氏久・生母不詳／兄弟◆不詳／正室◆不詳

応仁の乱では、宗家の細川勝元《かつもと》が率いる東軍に加わり、有力武将として活躍する。

応仁の乱は下剋上の風潮を生み出し、守護の一族・国人領主たちの自立化が進んだ。備中守護代の庄元資《しょうもとすけ》もまた、有力国人として勢力を強めていた。そして、一四九一（延徳三）年、勝久と細川政元《まさもと》が対立すると政元側に付き、勝久と争う（備中大合戦）。この戦いで、勝久方は五〇〇人余りが討ち取られる大敗北を喫する。勝久は一四九二（明応元）年に帰国するや反乱鎮圧にあたった。元資も抗戦を続けたものの敗北。勝久と和睦した。しかしこれ以降、細川氏の守護職としての権威は衰え、有力な国人らが台頭して群雄割拠していくこととなる。

まとめ
勝久以降、守護の権威は衰えていき、有力国人が台頭する

応仁の乱
人物データファイル
050

細川成春《ほそかわしげはる》

生没◆一四三三～八五

細川勝元の東軍にくみして戦う

【所属軍】東

両親◆細川持親・生母不詳／兄弟◆不詳／正室◆不詳

成春は、淡路《あわじ》（兵庫県淡路島）守護細川家・持親《もちちか》の子として生まれ、一四六五（寛正六）年に父の死去により家督を継ぐ。足利義成（後の義政）の弓の師を務めたことにより、将軍の側近となった。

応仁の乱では、細川勝元《かつもと》の東軍にくみして戦う。五月の**洛北の合戦**の際、成春の邸が炎上している。一四八五（文明十七）年に死去。子の尚春《ひさはる》が阿波《あわ》（徳島県）守護の跡を継いだ。ちなみに、尚春は阿波細川家の家臣・三好之長《みよしゆきなが》によって殺され、これによって淡路細川家は断絶する。

なお、淡路西国三十三ヶ所をめぐる淡路巡礼は、一四七五（文明七）年、仏教に帰依した成春によって始められたといわれている。

まとめ
義政の弓の師を務めたことにより、将軍の側近となった

応仁の乱 人物データファイル 051

細川常有《ほそかわつねあり》

生没◆一四二四～八〇

【所属軍】東

両親◆細川持有・生母不詳／兄弟◆不詳／正室◆不詳

兄教春を継ぎ和泉上守護となる

細川常有は、細川和泉上守護家当主の持有《もちあり》の次男として生まれる。和泉《いずみ》国（大阪府南西部）は、常有の曽祖父細川頼有《よりあり》を祖とする上守護家と、細川基之《もとゆき》を祖とする下守護家が共同で領国を掌握する体制を取っていた。なお、戦国時代以降の天下人に仕えて肥後《ひご》細川家（熊本県）の祖となった細川藤孝《ふじたか》（幽斎《ゆうさい》）は、上守護家の系譜に名を連ねる。

常有は、兄の教春が二十八歳で死去したため、その後任として守護に任じられた。そして、一四五一（宝徳三）年に阿波《あわ》井上城（徳島県吉野川市）を築城する。

一四六七（応仁元）年に始まった**応仁の乱**では、細川勝元《かつもと》が率いる東軍に参加し、**相国寺《しょうこくじ》の合戦**に加勢した。

一四八〇（文明十二）年に死去。

まとめ

応仁の乱では、細川勝元が率いる東軍で相国寺の合戦に加勢

応仁の乱 人物データファイル 052

細川持久《ほそかわもちひさ》

生没◆生没年不詳

【所属軍】東

両親◆細川頼久・生母不詳／兄弟◆不詳／正室◆不詳

細川和泉下守護家を継承

細川持久は、細川和泉下守護家当主の頼久《よりひさ》の子として生まれる。四代将軍である足利義持《よしもち》の一字を受け、持久と命名された。

和泉《いずみ》国（大阪府南西部）は、細川頼有《よりあり》を祖とする上守護家と、細川基之《もとゆき》（持久の祖父）を祖とする下守護家が共同して領国を掌握する体制を取り、下守護家は基之の後、頼久、持久が守護職を継承した。

一四六七（応仁元）年に始まった**応仁の乱**では、細川勝《かつ》元《もと》が率いる東軍に参加した。**応仁の乱**における最大の激戦となった十月の**相国寺《しょうこくじ》の合戦**では、西軍に押され形勢が不利となった東軍に加勢するため、和泉上守護の細川常有《つねあり》、淡路守護の細川成春《しげはる》とともに上洛した。

まとめ

相国寺の合戦において、細川常有らとともに上洛し加勢した

応仁の乱
人物データファイル
053

安富元綱《やすとみもとつな》

生没◆生年不詳～一四六七

讃岐の軍勢を率いて京都を転戦

【所属軍】東

両親◆安富盛範・生母不詳／兄弟◆不詳／正室◆不詳

元綱は、細川氏本家の重臣として讃岐《さぬき》（香川県）東方守護代を世襲していた安富《やすとみ》氏の一族で、細川勝元《かつもと》に仕えた。**応仁の乱**が始まると、元綱は細川勝元の東軍に属し、讃岐の軍勢を率いて京都を転戦する。

一四六七（応仁元）年十月三日、西軍は東軍の重要な拠点である相国寺《しょうこくじ》に侵攻。**応仁の乱**における最大の激戦となった**相国寺の合戦**である。

この合戦で相国寺を守っていたのが、元綱が率いる三千騎の軍勢であった。しかし、西軍と内通した一部の僧が寺の内部から火を放つと、西軍はそれを合図に攻勢をかけてきた。元綱は、数度にわたって猛攻を跳ね返して善戦するが、壮絶な戦死を遂げた。

まとめ

相国寺の合戦で西軍との激戦を繰り広げ、戦死を遂げた

応仁の乱
人物データファイル
054

山名豊氏《やまなとようじ》

生没◆生没年不詳

熙幸の養子となり因幡守護を継ぐ

【所属軍】西

両親◆山名教之・生母不詳／兄弟◆山名豊之など／正室◆不詳

山名豊氏は、伯耆《ほうき》（鳥取県西部）守護の山名教之《のりゆき》の子として生まれる。実子のなかった山名熙幸《ひろゆき》の養子となり、因幡《いなば》（鳥取県東部）守護職を継ぐ。元服の際に、山名本家の当主、持豊《もちとよ》（宗全《そうぜん》）から豊の一字を受けて、豊氏を名乗った。

応仁の乱においては、宗全が率いる西軍に参加。因幡国内の諸兵三千騎を率いて上洛し、一条大宮の合戦などに従事した。

なお、因幡山名氏が本拠を構えていた布施天神山城《ふせてんじんやま》（鳥取県鳥取市）は、一四六六（文正元）年に山名勝豊《かつとよ》によって築城されたとされているが、この年には勝豊はすでに死去している。そのため、豊氏によって築城されたのではないかという説が有力になっている。

まとめ

応仁の乱では西軍に参加し、因幡国内の兵を率いて戦った

応仁の乱
人物データファイル
055

山名教清《やまなのりきよ》

生没◆生没年不詳

【所属軍】西

両親◆山名義清・生母不詳／兄弟◆不詳／正室◆不詳

嘉吉の乱後、美作攻略で活躍

山名教清は義清《よしきよ》の子として生まれ、元服の際、将軍足利義教《よしのり》から一字を受けて教清と名乗った。

一四四一（嘉吉元）年の**嘉吉の乱**では山名宗全《そうぜん》、山名教之《のりゆき》らとともに赤松満祐《みつすけ》の追討に加わり、美作《みまさか》（岡山県東北部）攻略の主将として活躍する。

翌一四四二（嘉吉二）年、その功によって、赤松氏に与えられていた美作を回復し、美作守護となった。美作は、一三九一（明徳二）年に山名氏清《うじきよ》・満幸《みつゆき》らが室町幕府に対して起こした明徳の乱の際に祖父の義理《よしただ》が失っていた。

教清の没年は定かではなく、その後の動向も不明だが、長禄年間以後、石見《いわみ》（島根県西部）・美作の守護職は、嫡子の政清《まさきよ》に受け継がれている。

まとめ
嘉吉の乱の美作攻略の功により、祖父が失った美作を回復

応仁の乱
人物データファイル
056

山名教豊《やまなのりとよ》

生没◆一四二四〜六七

【所属軍】西

両親◆山名宗全・生母不詳／兄弟◆山名是豊・勝豊など／正室◆不詳

父宗全とともに嘉吉の乱を鎮圧

山名教豊は、山名宗家当主、宗全《そうぜん》の嫡男として生まれる。

一四四一（嘉吉元）年に赤松満祐《みつすけ》が将軍義教《よしのり》を殺害した**嘉吉の乱**では、父とともに播磨《はりま》（兵庫県南西部）に侵攻し、赤松氏討伐に加わる。一四五四（享徳三）年十一月、将軍義政《よしまさ》と対立した宗全が但馬《たじま》（兵庫県北部）に下向して引退したのに伴い、代わって家督を継ぎ、但馬、播磨、備後（広島県東半分）、安芸（広島県西部）の守護となる。

一四五五（享徳四）年四月、赤松満祐の甥・則尚《のりなお》らの軍勢が旧領国を奪還しようと播磨に侵攻すると、父とともに討伐に出陣し、翌年、則尚軍を打ち破る。

応仁の乱では、父宗全が率いる西軍で戦ったが、陣中で死去した。享年四十四。

まとめ
応仁の乱では父が率いる西軍で戦ったが、陣中で死去した

応仁の乱
人物データファイル
057

山名政清《やまなまさきよ》

生没◆生没年不詳

【所属軍】西

両親◆山名教清・生母不詳／兄弟◆不詳／正室◆不詳

山名宗家の宗全に従い西軍に参戦

山名政清は教清《のりきよ》の子として生まれ、父から石見《いわみ》（島根県西部）・美作《みまさか》（岡山県東北部）の守護職を受け継いだ。**応仁の乱**では、山名宗家の当主である宗全《そうぜん》に従い、西軍に属して戦った。しかし、政清ら山名勢が京に上っている隙をついて、赤松政則《まさのり》が旧領を奪回しようと家臣らを侵攻させた。その結果、政清は、**嘉吉《かきつ》の乱**によって赤松氏から没収され、父教清が与えられた美作を再び赤松氏に奪い返されてしまった。また、石見の領地も**応仁の乱**が終結したのちに大内政弘《まさひろ》に替えられた。

一四七九（文明十一）年、因幡《いなば》（鳥取県東部）の国人毛《もう》利次郎《りじろう》（貞元《さだもと》）が守護の山名氏に対して反乱を起こした際には、山名政豊《まさとよ》の命で美作に派遣され、鎮圧に当たった。

まとめ
父から継いだ石見・美作を応仁の乱の際、相次いで失った

COLUMUN　戦乱の中でも花開いた室町文化…その2

能・狂言

物まねなどを中心とした滑稽な笑いの芸や寸劇であった能や狂言は、室町時代に発展。江戸時代には幕府の式楽の地位を不動のものにした。

千本閻魔堂の念仏狂言（上杉本『洛中洛外図屏風』より。米沢市上杉博物館蔵）

狂言《きょうげん》は平安時代末期以来の伝統を引く対話劇（喜劇）で、能《のう》は歌と舞を主要素とする歌舞劇。「能楽《のうがく》」というと猿楽《さるがく》の能のことを指す場合と狂言を含める場合がある。鎌倉時代後期には能の先駆形態が認められる。南北朝時代初期には、田楽《でんがく》の能の質が延年《えんねん》の能などの別の能も存在し、高く人気があったという。

猿楽の一座は近畿一円にあったが、室町時代に大和四座《やまとしざ》の一つ結崎座《ゆうざきざ》から出た観阿弥《かんあみ》とその子世阿弥《ぜあみ》は、足利将軍家や公家の庇護を得て、田の豊作を祈る田遊びから発展した田楽の能などの影響を受けつつ、現在へ続く能の基本を作り上げた。世阿弥の時代には、能と狂言とは同じ能舞台で演じられていた。以後も時の権力者の庇護《ひご》を受けて、より洗練された伝統芸能へと昇華されていく。

第3部 地方編

全国に広がる戦乱、それぞれに事情を抱えた武将たち

かつて「下剋上」の代表的武将と言われていた北条早雲は、応仁の乱後の幕府に仕える役人だったことが明らかになった。応仁の乱が全国に波及するなかで、同様に多くの武将たちが全国に散らばっていった。彼らの戦いの軌跡を追うことで、戦国時代へと突入してゆく前段階の時代を活写する。

京都から各地に散らばった守護大名

一四七〇（文明二）年頃になると、京都及びその周辺での戦闘も下火となり、戦闘に参加するために上洛していた大名も、もともと京都に居住していた大名も、戦乱が地方に飛び火したことで生じる本国での混乱を収めるため、次々と帰国していった。戦国時代には、各地に独立勢力である戦国大名が盤踞《ばんきょ》して、隣接する大名と戦いを繰り返していたが、そうした下地は、**応仁の乱**によって守護大名が全国に散らばっていったことによってできた。

戦国大名と呼ばれる武家勢力の多くは、こうした守護大名やその配下で守護代などを務めた武将が独立勢力として成長したものだった。

全国各地地方の戦乱状況

京都の東に位置する近江《おうみ》国（滋賀県）では、守護職の六角高頼《ろっかくたかより》が西軍に属し、これと対立する京極持清《きょうごくもちきよ》は東軍となった。両者は一進一退の戦いを続けたが、やがて持清が没すると高頼が優勢となり、幕府から改めて守護として認定されるに至った。戦国時代になって、織田家との同盟関係でも知られる浅井氏は、この京極氏の被官だった。京極氏は山陰地方にも領国を有していたが、そのひとつである出雲《いずも》（島根県東部）では、守護代の尼子《あまご》氏が台頭。やがて出雲の守護職を継承し、山陰地方最大の戦国大名へと成長してゆく。

美濃《みの》国（岐阜県南部）では、守護の土岐成頼《ときしげより》が周辺勢力の侵攻に苦しめられていた。しかし、守護代となった斎藤妙椿《みょうちん》の果敢な働きで、かろうじて土

美濃国守護、土岐氏の居城（守護所）となった川（革）手城跡（岐阜市）

岐氏は守護としての命脈を保っていた。

中国地方に目を向けると、赤松満祐が六代将軍足利義教《よしのり》を殺害した**嘉吉《かきつ》の乱**によって赤松氏が没落。播磨（兵庫県）、備前《びぜん》、美作《みまさか》（ともに岡山県）を山名氏によって奪われていたが、復興を目指す赤松氏が**応仁の乱**を機に山名氏に戦いを挑み、やがてこの三国の守護に返り咲いている。

中国地方西部の周防《すおう》・長門《ながと》（ともに山口県）のほか、北九州の筑前《ちくぜん》（福岡県）、豊前《ぶぜん》（大分県）の守護も兼ねていた大内政弘《まさひろ》は、50ページ（激闘武将編解説）に記したように、京都での戦いに参戦。西軍の主力武将として活躍した。東軍の細川勝元は、この大内の背後を突こうと、九州の反大内勢力と手を結んだ。その結果、九州の少弐《しょうに》氏や対馬《つしま》の宗《そう》氏、大内政弘の伯父教幸《のりゆき》らがこの呼びかけに応じて挙兵。四方から政弘を攻めたが、大内氏の一族にして重臣の陶弘護《すえひろもり》らの活躍によって政弘は窮地を脱した。以後、大内氏は中国地方最大の戦国大名へと成長し、山陰の尼子氏と対抗するようになった。

いっぽう、関東にはすでに室町時代初期から鎌倉府がおかれ、関東のほぼ全域を統治していた。しかし、関東公方と関東管領の対立に起因する永享の乱（一四三八年）以後、中央政界の在り方と連動しつつ、その政治秩序は大きく乱れた。やがて幕府申次衆・奉公衆出身の伊勢盛時《いせもりとき》（北条早雲）が、駿河《するが》（静岡県中部・北東部）を経て関東に下向。堀越公方足利茶々丸《ちゃちゃまる》を討って戦国大名のはしりとなった。

この第3部では、こうした全国に波及した戦いに関係した守護大名や、その家臣らの武将を取り上げることになる。

足利成氏《あしかがしげうじ》

父と兄の仇討ちに執念を燃やした鎌倉公方

【所属軍】一

生没◆一四三四または三八～九七

両親◆足利持氏・生母不詳
兄弟◆義久、春王丸、安王丸など
正室◆不詳

在職❖第五代鎌倉公方、初代古河公方
官職❖従四位下左兵衛督

享徳の乱を戦い抜き、関東における戦国時代の呼び水となる

一四三八（永享十）年、父持氏《もちうじ》と六代将軍足利義教《よしのり》が険悪な関係になり、続いてその仲介に入った関東管領《かんれい》上杉憲実《のりざね》と持氏が対立する。

そして、憲実が領国の上野《こうずけ》（群馬県）に帰還したのを機に持氏が挙兵し、戦闘状態に突入した。永享の乱と呼ばれるこの騒乱で、持氏は将軍義教の後援を受けた上杉憲実に攻められ、鎌倉で自害した。鎌倉府は、幕府への反逆の廉《かど》でいったん廃止された。

一四四〇（永享十二）年には、成氏の兄春王丸《はるおうまる》と安王丸《やすおうまる》が結城氏朝《ゆうきうじとも》に擁されて結城《ゆうき》城（茨城県結城市）に籠城する。だが幕府軍の攻勢により城はあえなく陥落し、成氏は兄たちとともに捕らえられ、京都に送られた。兄たちは処刑されたが、成氏は幼年のため許された。実はその直前、**嘉吉の乱**により六代将軍足利義教《よしのり》が暗殺されており、その混乱により処刑を免れたともいう。また、結城合戦で捕らえられたのは、実は弟の定尊《じょうそん》であり、成氏は信濃《しなの》（長野県）へと逃れた、という説もある。

いずれにしても成氏は、一四四九（宝徳元）年には鎌倉へ帰還し、元服して第五代鎌倉公方《かまくらくぼう》となり、足利義成《よししげ》（のちの義政）の一字を拝領して成氏と名乗った。これらは時の管領・畠山持国《もちくに》らの後援によって実現したという。

残る成氏の悲願は、父の仇討《あだう》ちである。一四五四（享徳三）年、成氏は上杉憲実の子で関東管領職を継いでいた憲忠《のりただ》を、鎌倉府の御所で暗殺する。これが、以後三十年近くにわたって続く享徳の乱のきっかけとなった。

戦乱は関東各地に広がり、ついに幕府の介入を招いた。鎌倉は、将軍の意

足利氏と鎌倉・古河公方略系図

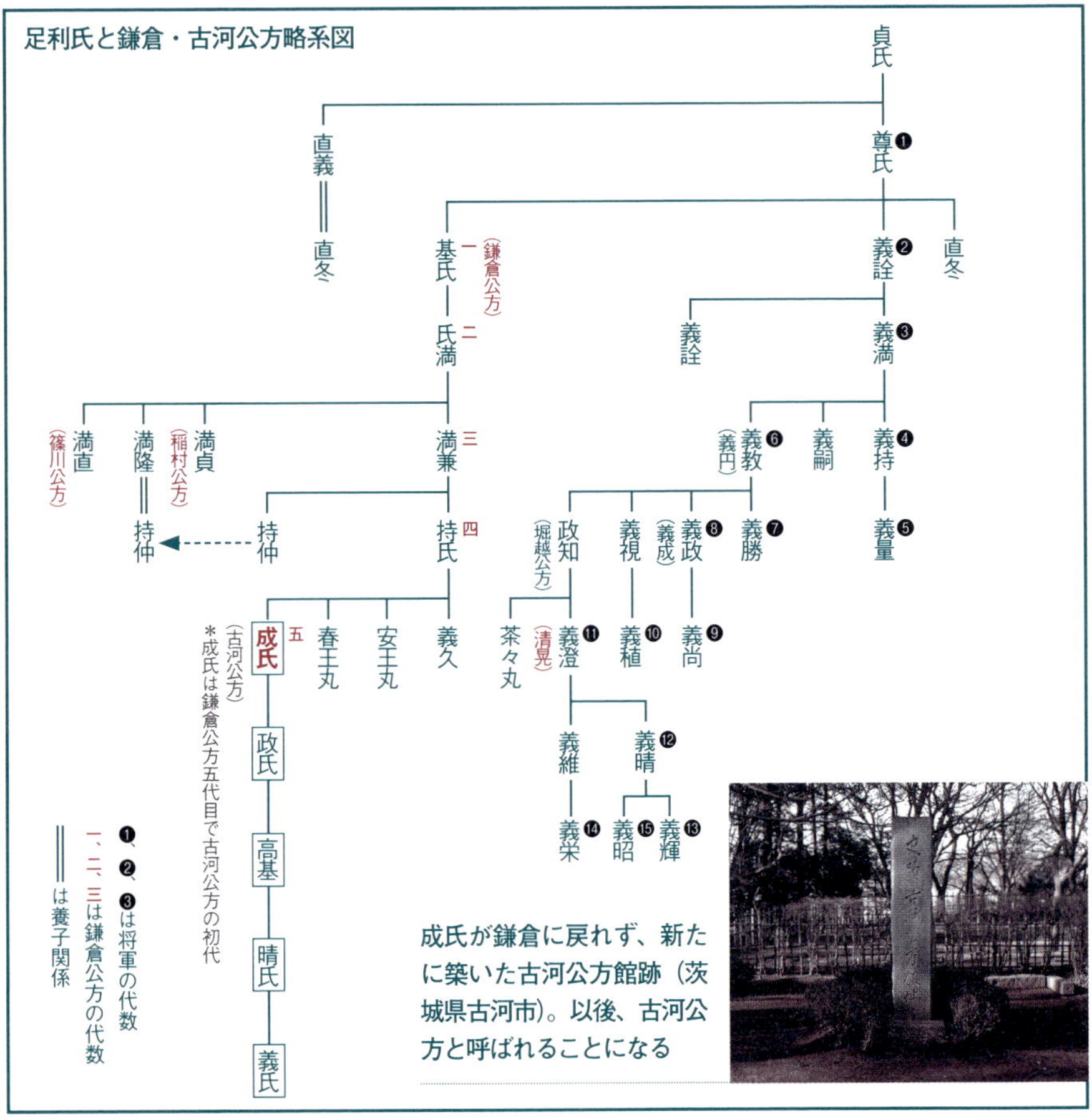

成氏が鎌倉に戻れず、新たに築いた古河公方館跡（茨城県古河市）。以後、古河公方と呼ばれることになる

向を受けた駿河《するが》（静岡県中東部）守護の今川氏に占拠され、成氏は下総古河《しもうさこが》（茨城県古河市）に逃れた。以後、関東公方の拠点は古河に移され、古河公方を名乗ることになる。

古河公方家と関東管領家の骨肉の争いが長引くと、成氏は幕府・上杉氏との和睦を志した。一四八二（文明十四）年には上杉氏との講和が成立し、長きにわたる抗争に終止符が打たれた。そして成氏は一四九七（明応六）年に没した。だが、関東各地に飛び火した争いの火種が消えることはなく、伊勢盛《いせもり》時《とき》（のち北条早雲《そううん》）の関東介入を招いて戦国時代を迎えるのであった。

まとめ

熾烈な戦乱を戦い抜くも、戦いは全国へ飛び火し、戦国時代を誘引した

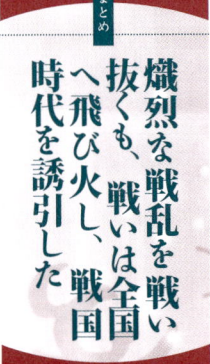

足利政知《あしかがまさとも》

幕府に振り回された一代限りの「堀越公方」

【所属軍】 —

生没◆一四三五〜九一

両親◆足利義教・朝日斎藤氏の娘・少弁殿
兄弟◆義勝、義政、義視
正室◆武者小路隆光の娘？

在職❖初代堀越公方
官職❖従三位左兵衛督

足利政知は、六代将軍で「悪御所」と呼ばれた義教《よしのり》の次男として生まれる。母は幕府奉行人《ぶぎょうにん》・斎藤氏の娘とされるが詳細は不明。七代将軍足利義勝《よしかつ》は異母兄、八代将軍足利義政《よしまさ》と義視《よしみ》は異母弟となる。彼ら三人の母は、義教の正室日野重子《しげこ》である。

政知は幼少期に出家し、京都嵐山の天龍寺《てんりゅうじ》香厳院に入って清久《せいきゅう》と号した。しかし、一四五七（長禄元）年、時の八代将軍義政の命によって還俗《げんぞく》（僧籍を離脱すること）した。さらに、左兵衛督《さひょうえのかみ》に任じられて政知を名乗る。

これは、一四五四（享徳三）年に鎌《かま》倉公方《くらくぼう》であった足利成氏《しげうじ》が関東管領の上杉憲忠《のりただ》を殺害し、享徳の乱が始まったためである。

以後、成氏方と上杉方の全面的な戦闘が繰り広げられるが、やがて成氏は下総古河《しもうさこが》（茨城県古河市）に退去し、古河公方を名乗ることとなる。そこで幕府は、成氏に代わる鎌倉公方として、政知を据えることとしたのである。つまり、政知の下向は、幕府による関東支配強化、または傀儡《かいらい》化のための人事であるともいえる。

一四五八（長禄二）年、政知は足利一門の渋川義鏡《しぶかわよしかね》（斯波義廉《しばよしかど》の父）らをともない、幕府公認の鎌倉公方《くぼう》として関東へと向かう。

このとき、将軍義政は東日本各地の諸将に成氏討伐の命を下していたが、まったく足並みがそろわずにいた。越《えち》前《ぜん》（福井県嶺北地方、敦賀市）守護の斯波義敏《よしとし》にいたっては、守護代甲斐常《かいじょう》治《ち》との合戦を優先し、命令を無視する体たらくであった。

いっぽう、鎌倉周辺では成氏にくみする勢力による妨害が激しく、幕府方が成氏方との交戦で敗れたこともあり、政知の一行は鎌倉入りを果たせずにいた。そこで彼らは、関東管領上杉房顕《ふさあき》の領国・伊豆《いず》の堀越《ほりごえ》（静岡県伊豆の国市）に御所を構えて留まった。

このことから、政知は古河公方に対して堀越公方と呼ばれることとなる。

政知が鎌倉に入れずに御所として留まった伝堀越御所跡（伊豆の国市）

しかし、その影響力の及ぶ範囲は、山内《やまのうち》上杉氏や駿河《するが》（静岡県中部・北東部）守護の今川氏など、非常に限定的なものにすぎなかった。

一四八二（文明十四）年、幕府と成氏は和睦し、政知には伊豆が所領として与えられた。こうして、関東全体に波及した騒乱は一応の終結を迎え、結局政知は伊豆一国を支配するにとどまったまま、一四九一（延徳三）年に五十七歳で没した。

政知の死後、茶々丸《ちゃちゃまる》と潤童子《じゅんどうじ》の間で後継争いが起こり、茶々丸が跡を継ぐが、やがて伊勢盛時《もりとき》（北条早雲《そううん》）に敗れて自殺に追い込まれる。

まとめ

将軍位継承争いにも加われず、関東でも支配者になれなかった不遇の人

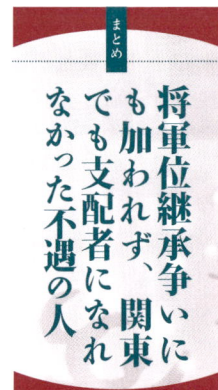

上杉顕定《うえすぎあきさだ》

下剋上の嵐のなか戦陣を渡り歩いた関東管領

【所属軍】東

生没◆一四五四〜一五一〇

両親◆上杉房定・生母不詳
兄弟◆定昌、房能
正室◆不詳

在職❖関東管領
官職❖民部大輔・右馬頭？

父の上杉房定《ふささだ》は、越後《えちご》（新潟県）・信《しな》濃《の》（長野県）の守護職を四十五年の長きにわたり守り抜いた人物であった。家系としては山内《やまのうち》上杉氏支流・越後上杉氏の流れとなる。顕定はその房定の次男として生まれた。

一四六六（文正元）年、時の関東管《かん》領《れい》上杉房顕《ふさあき》が武蔵五十子《むさしいかっこ》陣（埼玉県本庄市）で没したため、その後継者選定が問題となった。

山内上杉氏の家宰《かさい》（家政をとりしきる筆頭重臣）である長尾景信《かげのぶ》は、上杉房定の子を擁立しようとするが、これは房定に拒否された。このため、景信は八代将軍足利義政《よしまさ》を通して改めてこれを要請し、顕定が山内上杉氏の家督を相続することとなる。

翌一四六七（応仁元）年には、関東管領の職も顕定が引き継いだ。このとき顕定はまだ十四歳であり、主導権を握りたいという景信の意図は明白であった。

当時の関東は、古河公方《こがくぼう》足利成氏《しげうじ》・関東武士連合対幕府・堀越《ほりごえ》公方・関東管領連合の抗争（享徳の乱）の真っただ中にあった。

顕定は上野平井城《こうずけひらい》（群馬県藤岡市）を本拠と定め、先代の房顕に引き続き五十子陣を前線基地として、古河公方と関東の覇権をめぐって激しく対立した。

一四七一（文明三）年には、下野《しもつけ》（栃木県）を経由して古河公方の本城である下総古河《しもうさこが》城（茨城県古河市）を攻め、成氏を一時敗走させている。

一四七六（文明八）年、長尾景信の子の景春《かげはる》が反乱を起こし、武蔵鉢形《はちがた》（埼玉県大里郡）に城を築いて本拠とし、顕定の五十子陣を攻めた。顕定は上野へ敗走し、これに乗じた成氏勢にも攻められたため、一四七八（文明十）年に成氏と和睦した。

この長尾景春の反乱を鎮めた最大の功績者は、分家筋にあたる扇谷《おおぎがやつ》上杉氏の定正《さだまさ》と、その家宰の太田道灌《おおたどうかん》であった。これにより扇谷上杉氏が台頭

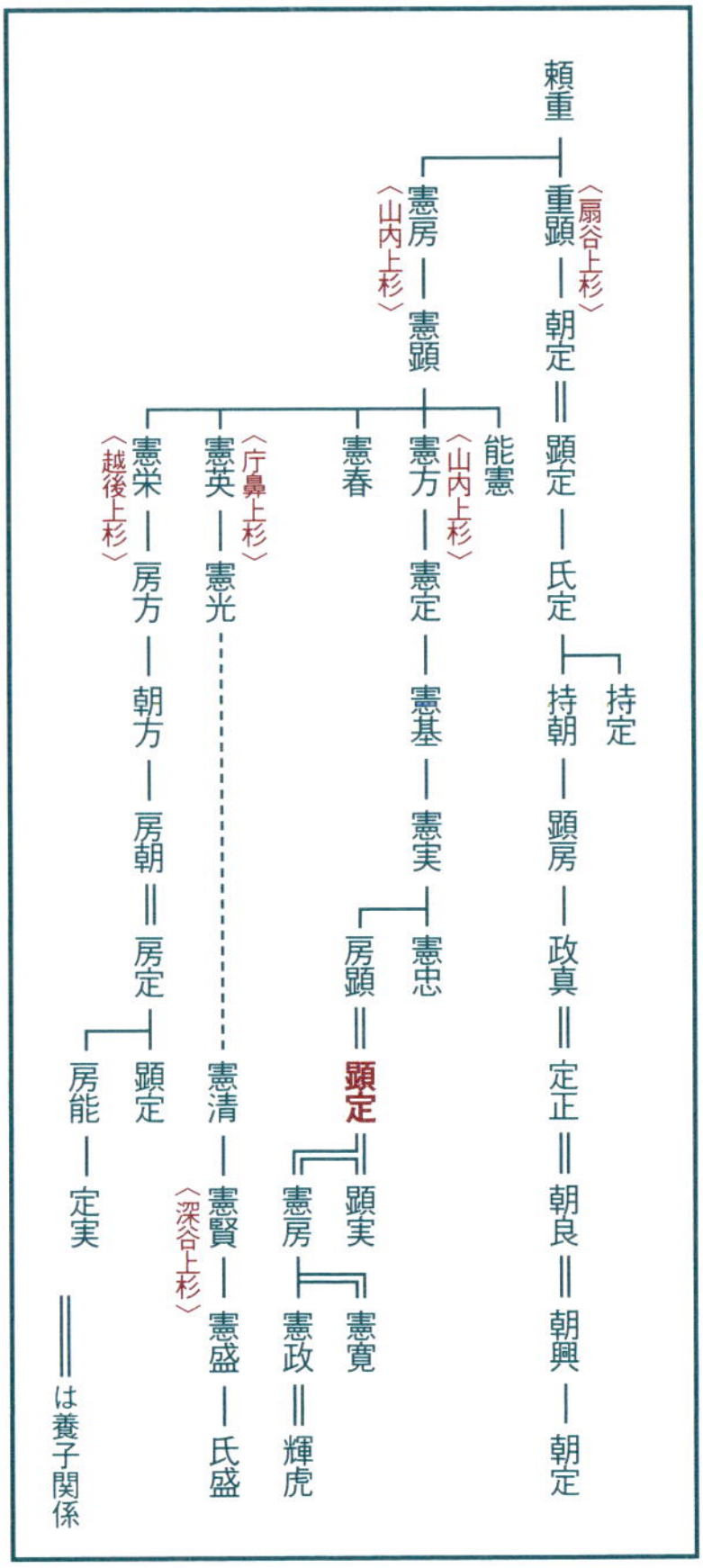

上杉氏略系図

顕定がなんども攻めたが攻略できなかった五十子城跡（本庄市）

し、顕定と反目するようになる。以後、一四八七（長享元）年から一五〇五（永正二）年もの長きにわたり、山内上杉氏と扇谷上杉氏の抗争が続くが、越後上杉氏の協力を得た顕定が次第に扇谷方を圧倒して戦況を有利に進め勝利を収めた。

一五〇七（永正四）年、顕定の弟で越後守護を継承していた上杉房能《ふさよし》が、守護代の長尾為景《ためかげ》（上杉謙信《けんしん》の父）に自害に追いこまれる。

顕定はこれを討伐するべく越後へ出兵。いったんは為景を敗走させるが、猛烈な反攻を受けて越後長森原《ながもりはら》（新潟県南魚沼市）で討死した。

まとめ

諸勢力と一進一退の攻防を続けつつの関東管領在職四十余年は歴代最長

浦上則宗《うらがみのりむね》

主家再興と名誉回復に賭けた赤松政則の右腕

【所属軍】東

生没◆一四二九～一五〇二

両親◆浦上宗安（諸説あり）・生母不詳
兄弟◆則永
正室◆不詳

在職❖美作守護代・侍所所司代・山城守護代
官職❖従五位下美作守

浦上氏は、紀長谷雄《きのはせお》の後裔とも紀貫之《つらゆき》の後裔とも伝わる氏族で、播磨《はりま》国浦上荘（兵庫県たつの市）を本貫《ほんがん》（出身地）とする。室町時代になると四職《ししき》のひとつである赤松氏に仕え、守護代として権勢を誇った。

兄の則永《のりなが》は赤松満祐《みつすけ》の重臣として仕えた。一四四一（嘉吉元）年、その赤松満祐が六代将軍の「悪御所」足利義教《よしのり》を暗殺するという一大事変が発生する（嘉吉の乱）。このとき兄の則永は、満祐とともに幕府の討伐軍と戦ったと思しい。

だが、満祐は城山城《きのやま》（兵庫県たつの市）に追い詰められ自刃。則永は残党狩りを恐れて信濃《しなの》（長野県）へと逃走し、行方知れずとなった。

こうして兄の則永が出奔《しゅっぽん》したため、則宗が浦上家の家督を相続した。則宗は満祐の弟の孫にあたる赤松政則《まさのり》に仕え、「則」の字を拝領する。兄の則永も同じく「則」のつく名だが、政則と関係しているかは不明のようだ。

以後、則宗は政則とともに赤松家の再興に尽くした。

一四五七（長禄元）年、赤松家の旧臣たちが主家再興のため、後南朝方に奪われたとされる神璽《しんじ》（三種の神器のひとつ）を吉野（奈良県）の行宮《あんぐう》から奪い取り、南朝の皇胤《こういん》と称する兄弟を殺害する事変が発生する（長禄の変）。これを多大な功績とした幕府は赤松家の再興を許し、政則を当主に据えた。

一四六七（応仁元）年に大乱が勃発すると、則宗は山名宗全に奪われた失地回復を図り、細川勝元の東軍にくみした。そして翌年には旧領の播磨・備《び》前《ぜん》（岡山県東南部）・美作《みまさか》（岡山県東北部）を奪還している。

いっぽう、京都界隈での戦闘が泥沼化するなか、東軍の首脳陣は越前《えちぜん》（福井県嶺北地方、敦賀市）の朝倉孝景《たかかげ》を寝返らせる計略を立てる。

その工作にあたったのが則宗であった。これが見事に成功し、政則は侍所《さむらいどころ》頭人《とうにん》（警察機構の長官）、則宗は所司代《しょしだい》（頭

則宗が入城した白旗城本丸跡（兵庫県上郡町）

白旗城は、現在の兵庫県赤穂郡上郡町赤松に存在していたとされる山城。築城については諸説あるが、鎌倉時代の武将・赤松則村が鎌倉幕府滅亡後、足利尊氏に従い、新田義貞の進攻を食い止めるために築いた城だといわれている。

1441（嘉吉元）年の嘉吉の乱で赤松氏がいったん滅びるまで、播磨・備前・美作の守護赤松氏の本城とされていた。

応仁の乱後の1499（明応8）年、山城国守護代浦上則宗は赤松義村を擁して白旗城に入った。敵勢は則宗らが籠もる白旗城を攻めるも、則宗家臣宇喜多能家らの働きによって撤退させられたという。

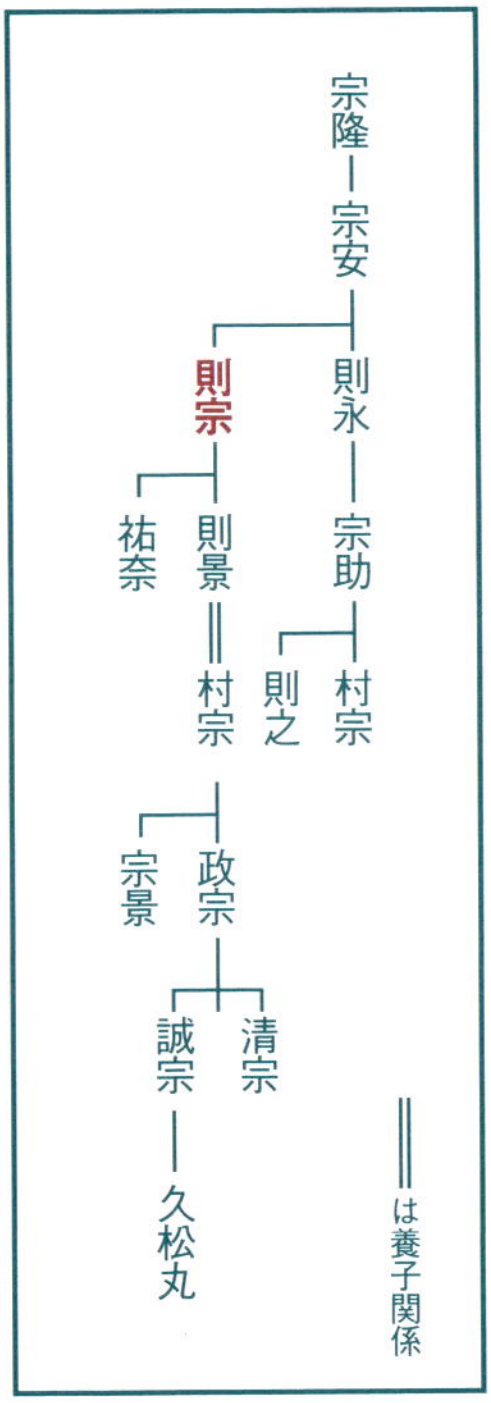

浦上氏略系図

人の代理）に任じられた。

政則が領国に帰ったのちも則宗は京に残り、治安維持に貢献。優れた手腕を発揮し、八代将軍義政、九代将軍義尚の信任も厚かったという。一四八一（文明十三）年には政則が山城《やましろ》（京都府南部）守護、則宗は守護代となった。

その後は領国での内紛や山名氏との因縁の抗争に対処するべく奔走した。一四九六（明応五）年に主の政則が逝去すると、その後継となった義村《よしむら》に代わって国政を担い、主家をしのぐほどの権勢を手にした。

一五〇二（文亀二）年、備前国三石城《みついし》（岡山県備前市）で死去。享年七十四。

まとめ

アンチ山名の代表格として朝倉孝景の説得に動き大乱の趨勢逆転に寄与

斎藤妙椿《さいとうみょうちん》

大乱の勝敗を大きく左右した美濃の猛将

【所属軍】西

生没◆一四一一～八〇

両親◆斎藤宗円・生母不詳
兄弟◆利永
正室◆北畠氏の娘

在職❖美濃守護代
官職❖従三位権大僧都

美濃周辺に権勢を誇るいっぽう、教養人としての素養も深い人物

美濃《みの》守護代・斎藤宗円《そうえん》の次子。かつては宗円の嫡子・利永《としなが》の子（利藤《としふじ》）と同一視されていたが、近年では否定的な見方がされている。

妙椿は、幼少期に出家して善恵寺《ぜんね》（岐阜県加茂郡八百津町《かもやおつ》）に入り、以後長く僧として過ごした。やがて支院の持《じ》是院《ぜいん》を設けてそこに住み、持是院妙椿と称した（本名は不詳）。

一四六〇（寛正元）年に利永が死去すると、その子の利藤が家督を継いだ。このとき叔父にあたる妙椿が後見人となり実権を握ったとされる。いずれにしても、利永亡き後に守護代またはその代理として守護土岐成頼《ときしげより》の重臣となったのは間違いない。

応仁の乱が勃発すると、主君土岐成頼は在京して西軍に属し、いっぽうで領国では妙椿が軍を掌握し、周辺諸国へと侵攻を開始した。

一四六八（応仁二）年には、東軍方についた守護代の富島氏と結託した美濃郡上《ぐじょう》（岐阜県郡上市）の東常縁《とうつねより》、不《ふ》破郡居益《わいます》（同不破郡関ケ原町）の長江《ながえ》氏を下すなど、国内の対抗勢力を次々と排除する。ちなみに東常縁は歌人としても知られ、このとき落城を嘆いた歌を詠んだ。その歌を知った妙椿は感激し、以後も交流が続いたという。

一四七一（文明三）年からは、近江《おうみ》（滋賀県）の六角《ろっかく》氏を支援するため、京《きょう》極《ごく》氏重臣の多賀高忠《たがたかただ》を攻めて越前《えちぜん》（福井県嶺北地方、敦賀市）へと追い払った。一四七三（同五）年には、伊勢《いせ》（三重県北・中部）守護の一色《いっしき》氏とともに西軍方についた国衆の長野《ながの》氏を後援するため、大軍を率いて出兵。梅津《うめづ》城（三重県いなべ市の梅戸城か）を攻略して

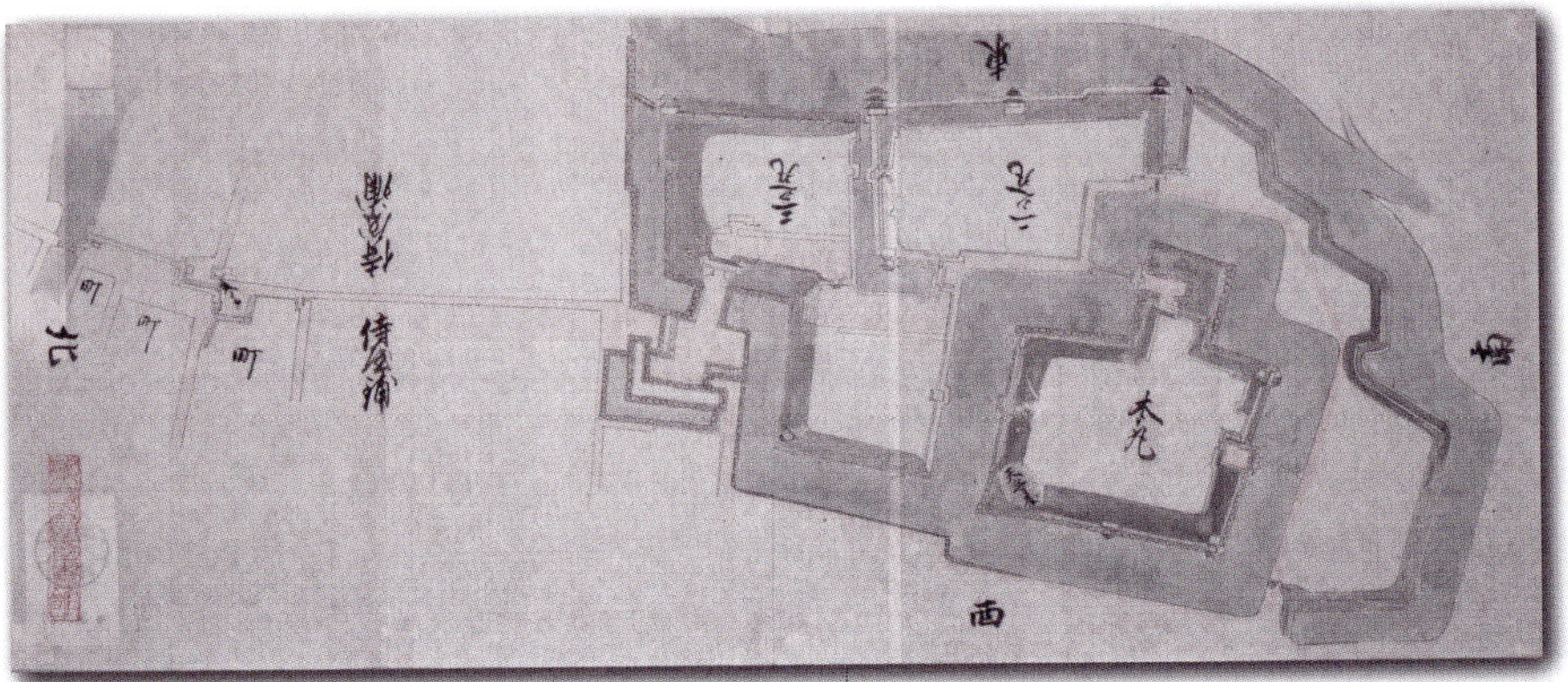

美濃国加納城絵図（『日本古城絵図』より。国立国会図書館蔵）。絵図は徳川家康による再建加納城であるが、斎藤妙椿の加納城も同所にあったと考えられ、発掘調査で妙椿時代の土塁・石垣が見つかっている

妙椿と交流した東常縁（『肖像集』より。国立国会図書館蔵）

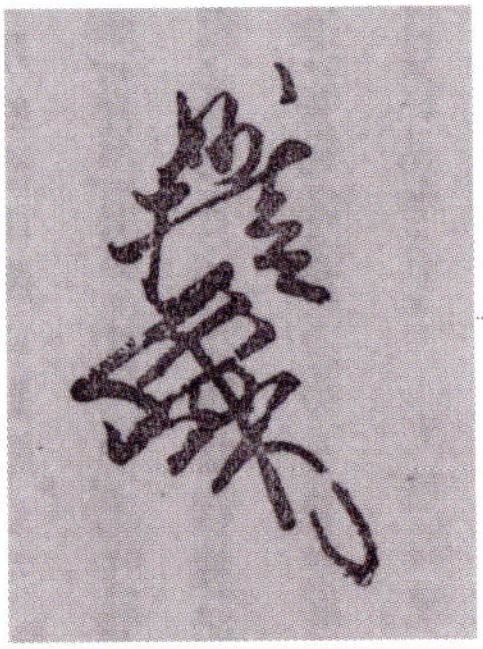

斎藤妙椿の「花押（サイン）」（『岐阜市史』より）

いる。さらに翌年には越前へも出兵し、守護代の甲斐《かい》氏と朝倉氏の戦いを仲裁して撤収したという。

こうして妙椿は、政治力にも長けた猛将として名を馳せ、一説には幕府の直臣（奉公衆《ほうこうしゅう》）として守護の土岐氏と並ぶ地位を手に入れたという。興福寺《こうふくじ》大乗院門跡《だいじょういんもんぜき》（貴族の住職）の尋尊《じんそん》は「この戦いは持是院（妙椿）の進退によって決まる」（『大乗院寺社雑事記』）と**応仁の乱**の下剋上ぶりを嘆いた。

乱の終結後も、尾張《おわり》（愛知県西部）へ出兵するなど周辺諸国に対して強大な影響力を維持した。一四八〇（文明十二）年に死去。享年七十。

まとめ

本名すら不明な謎の経歴をもちつつ、主家をはるかに超える影響力を保持

斯波義敏《しばよしとし》

幾度も失地と回復を繰り返した斯波家当主

【所属軍】西

生没◆一四三五〜一五〇八
両親◆斯波（大野）持種・藤原氏？
兄弟◆義孝、政種
正室◆不詳
在職❖越前・尾張・遠江守護
官職❖従三位左兵衛督？

一四五二（享徳元）年、斯波本家（武衛家）当主の斯波義健《よしたけ》が、十八歳の若さで早逝した。嗣子がなかったため、一門の義敏が養子として武衛家を継ぎ、越前《えちぜん》（福井県嶺北地方）・尾張《おわり》（愛知県西部）・遠江《とおとうみ》（静岡県中西部）三国の守護に任じられた。

いっぽう、父持種《もちたね》の代から重臣の甲《か》斐常治《いじょうち》とは因縁があったため、義敏は常治の弟の甲斐近江守《おうみのかみ》（名は不詳）を抱き込んで常治と対立。越前は、守護勢力（義敏方）と守護代勢力（甲斐方）に二分された。一四五六（康正二）年には、義敏が常治の専横を幕府に訴えるが、義敏側が敗訴した。

一四五八（長禄二）年、八代将軍足利義政《よしまさ》の仲介によって、義敏と常治はいったん和睦する。ところが翌年、義敏は関東で反乱を起こした足利成氏《しげうじ》の討伐を命じられたものの、それを無視して甲斐氏の本拠地である越前敦賀《つるが》（福井県敦賀市）を攻めた（長禄合戦）。当初は義敏方が優勢だったが、朝倉孝景《たかかげ》や常治の子・敏光《としみつ》らの堅守のまえに義敏は敗北を喫した。

翌年、京都で常治が没すると、将軍義政は甲斐家の家督を敏光に継がせ、義敏の三国守護職を罷免《ひめん》して義敏の嫡子・松王丸《まつおうまる》（のち義寛《よしひろ》）に与えた。窮した義敏は、周防《すおう》（山口県東部）の大内教弘《のりひろ》のもとへ逃れた。

さらに一四六一（寛正二）年、義政は朝倉孝景や甲斐敏光の進言を受けて松王丸を廃し、渋川義鏡《しぶかわよしかね》の子の義廉《よしかど》に武衛家の家督と三国の守護の地位を与えた。再び窮した義敏は、義政の近臣・伊勢貞親《いせさだちか》を頼り、その赦免《しゃめん》を願った。これにより義敏は、一四六六（文正元）年に三国の守護に復帰した。

ところが同年、文正の政変により貞親が失脚すると、三度義敏は廃されて越前に逃れ、義廉が復帰した。

翌一四六七（応仁元）年に**応仁の乱**が勃発すると、義敏は東軍に属した。そして義廉と朝倉孝景の留守を突いて越前国内を転戦し、勝利を重ねた。

斯波義敏が頼った大内教弘の造営と考えられる大内氏館（山口市）。義敏はしばらくここに滞在した

だが、義敏にとって思わぬ事態が生じる。一四六八（応仁二）年閏十月、朝倉孝景が義敏討伐のため越前へ下向。その直前、西軍切り崩しを狙う東軍が、孝景を東軍に勧誘していた。そして一四七一（文明三）年、孝景は越前守護職譲渡の密約を得て、東軍に寝返ったのである。義敏はなすすべなく孝景の実効支配を許し、帰京した。

その後は義政に近侍《きんじ》して文筆活動などに専念。同十七年に義政に従って出家し、道海《どうかい》と号した。一五〇八（永正五）年には十代将軍足利義稙《よしたね》追討の幕命が下るが、これには応じていない。そして同年中に死去した。

まとめ

甲斐氏との抗争に明け暮れている隙に朝倉孝景の権謀術数で越前を失う

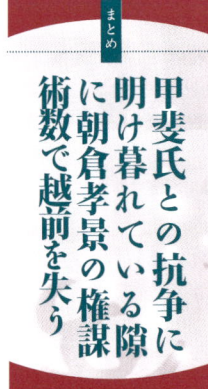

北条早雲《ほうじょうそううん》

応仁の乱後の関東情勢に大きく関与した名将

【所属軍】—

生没◆一四三二（五六？）～一五一九
両親◆伊勢盛定・伊勢貞国の娘
兄弟◆弥次郎、北川殿（今川義忠正室）
正室◆小笠原政清の娘
在職❖室町幕府申次衆
官職❖不詳

今川氏の御家騒動を収めて、
後北条氏の祖となる

早雲といえば「下克上」。そんなイメージは近年になって覆されつつある。

そもそも、北条という氏を早雲自身が名乗ったことは一度もなく、嫡子氏《うじ》綱《つな》の代からの名乗りである。出自は、室町幕府政所執事《まんどころしつじ》を代々務めた伊勢氏という。

早雲の近親については、いまだ諸説紛々としているが、伊勢貞親の姉妹が生んだ子という学説もある（歴史学者・家永遵嗣氏）。また、伊勢氏には京都と備中《びっちゅう》国（岡山県西部）に系統があるが、その説の場合、早雲は京都の宗家に非常に近いことになる。

また、早雲の姉（妹とも）の北川殿は、駿河《するが》（静岡県中東部）守護の今川義忠《よしただ》に嫁ぎ、氏親《うじちか》を生んでいる。この氏親の子が今川義元《よしもと》である。

今川義忠は、**応仁の乱**勃発後は東軍に属していたが、一四七六（文明八）年に遠江《とおとうみ》（静岡県西部）で戦死する。その家督相続をめぐり、嫡男氏親派と小鹿範満《おしかのりみつ》（義忠の従弟）派の間で内紛が起こった。これに、堀越公方《ほりごえくぼう》足利政《まさ》知《とも》や扇谷《おおぎがやつ》上杉氏などが介入する。早雲は幕命を受けて駿河へ下向し（時期は諸説あり）、調停にあたった。このとき範満を支持していたのが扇谷上杉氏の家宰《かさい》（家政をとりしきる筆頭重臣）・太《おお》田《た》道灌《どうかん》であった。早雲は道灌と図り、今川氏親の成人まで範満が家督を代行するという折衷案を双方に認めさせた。

そののち、早雲は京都に戻り幕府に仕えるが、氏親が元服後も範満は家督を返上しなかった。早雲は再び駿河へ下向し、範満を攻めて自害させた。これにより、甥の氏親が正式に今川家を相続した。この功により、早雲は駿河

早雲の伊豆侵攻への足がかりとなった駿河興国寺城跡（沼津市）

北条早雲の伊豆での本拠となった韮山城跡（伊豆の国市）

北条早雲（小田原城天守閣蔵）

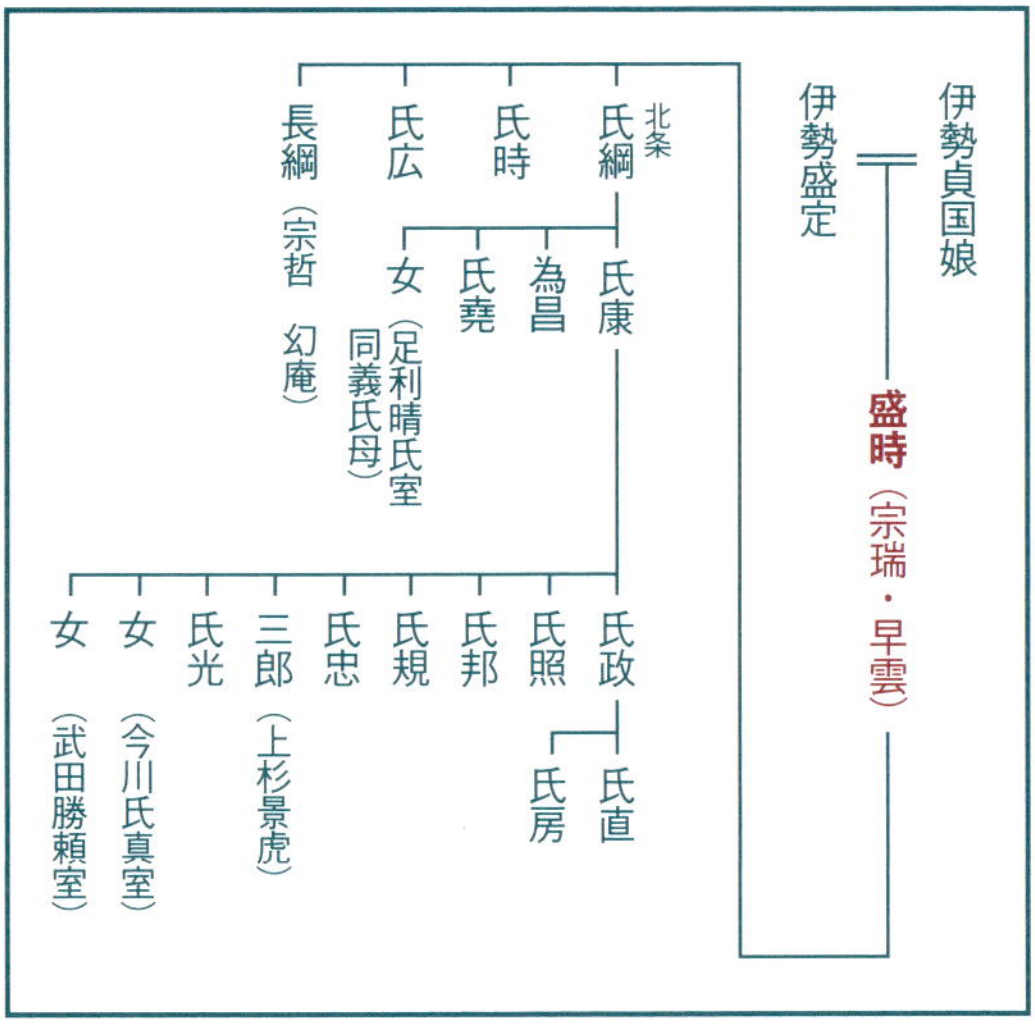

北条氏略系図

十二郷と興国寺城《こうこくじ》（沼津市）を得ている。

一四九一（延徳三）年に足利政知が死去すると、庶子《しょし》（正室以外の子）の茶々丸《ちゃちゃまる》が嫡男の潤童子《じゅんどうじ》とその母を殺害する事件が勃発する。潤童子はのちの十一代将軍足利義澄《よしずみ》の実弟である。

その二年後、早雲は義澄の命を受け、堀越御所《ほりごえごしょ》（伊豆の国市）の茶々丸を攻めて追放した。これにより、伊豆は実質的に早雲が支配することとなった。

さらに一四九五（明応四）年には、小田原城《おだわら》（神奈川県小田原市）を奪取。以後も北上を続け、相模《さがみ》（神奈川県）を制圧。戦国大名の先駆けとなり、後北条氏百年の礎を築いた。

まとめ

かつてのイメージ「下剋上の権化」を覆す、戦国大名の先駆者としての実像

上杉定正《うえすぎさだまさ》

扇谷家を盛り立て、破滅させた迷将

【所属軍】一

生没◆一四四三〜九四

両親◆上杉持朝・生母不詳
兄弟◆顕房、三浦高救、朝昌など
正室◆長尾景信の娘

在職❖相模守護
官職❖修理大夫

一四七三（文明五）年、扇谷《おうぎがやつ》上杉家当主で甥の政真《まさざね》が、武蔵五十子陣《むさしいかっこじん》（埼玉県本庄市）で古河公方《こがくぼう》足利成氏《しげうじ》と戦って敗死する。定正は政真の家臣らに新当主として迎えられた。

一四七六（同八）年に山内《やまのうち》上杉家の家臣・長尾景春《ながおかげはる》が反乱を起こすと、定正は山内上杉顕定《あきさだ》と共闘して景春に対抗した。だが、乱が景春の敗走と顕定による和睦交渉によって決着すると、定正は顕定の裁定に不満を抱いた。当時、扇谷家は山内家の分家的な扱いであったが、定正と太田道灌《おおたどうかん》の活躍もあり、家名が一気に高まりつつあった。危機を感じた顕定は成氏と提携し、弟の上杉房能《ふさよし》を取り込んで関東の統一を図った。こうして定正と顕定の関係は完全に決裂した。

山内と扇谷の両上杉家が不和のなか、定正を支える道灌は、江戸城（東京都千代田区）と河越城《かわごえ》（川越市）を補強しつつ領国の支配体制強化を図った。ところが、定正はこれを道灌の反逆の予兆と捉えた。

一四八六（文明十八）年、定正は相《さが》模糟屋《みかすや》（神奈川県伊勢原市）の自身の屋敷に道灌を招いて暗殺する。人望の厚い名将を殺害したことで、扇谷家の多くの家臣が離反していった。

これに危機感を抱いた定正は、一四八七（長享元）年に仇敵の足利成氏や長尾景春と結び、江戸城を補強して顕定との戦いに備えた。翌年には相模・武蔵の各地で顕定と戦った。

一四八九（延徳元）年には、江戸城代の曽我豊後守《そがぶんごのかみ》に宛てて、顕定との因縁や自身が陥った苦境などを書き綴っている（「上杉定正状」）。一四九四（明応三）年には、関東に進出してきた北条早雲と結び、顕定と対峙するが、荒《あら》川渡河中《かわとか》に落馬して死去した。

まとめ

他人には推し量れない猜疑心に苛まれ、道灌を殺害して身の破滅を招く

上杉《うえすぎ》房定《ふささだ》

受け身の調停役となった越後守護

【所属軍】一

生没◆一四三一～九四

両親◆上杉清方・生母不詳
兄弟◆定顕、房実
正室◆青藤庵月山妙皓禅定尼？

在職❖越後・信濃守護
官職❖従四位下相模守

一四四九（宝徳元）年、房定の従兄にあたる越後（新潟県）守護の上杉房《ふさ》朝《とも》が京都で急死し、その家臣団に推されて家督を相続した。同職は京都在住が長く、地元越後では守護代（守護の代官）の長尾氏が専横を極めていた。

そこで翌年、房定は越後へと下向し、守護代の長尾邦景《くにかげ》とその子の実景《さねかげ》を攻め滅ぼして実権を掌握した。

一四五四（享徳三）年、鎌倉公方《かまくらくぼう》足利成氏《しげうじ》が関東管領《かんれい》上杉憲忠《のりただ》を謀殺すると、幕府から房定らに成氏討伐の命が下される。翌年、房定は越後勢を率いて関東へ出兵し、成氏らを相手に長い戦闘状態に突入した（享徳の乱）。

一四六六（文正元）年には、憲忠の跡を継いだ関東管領の山内上杉房顕《やまのうちふさあき》が、成氏方との戦闘で連戦連敗の末に武蔵《むさし》五十子陣《いかっこじん》（埼玉県本庄市）で没する。房顕の家宰の長尾景信《かげのぶ》は、房定の次男・顕定を山内上杉氏＝関東管領の後継にするよう根回しし、房定は、やむなく承諾した。これにより、結果的に房定の関東における立場は跳ね上がった。

京都が**応仁の乱**の勃発で混乱するなか、房定は成氏討伐軍の大将格として関東の戦陣で過ごした。だが、留守中の越後本国の情勢を気にしてか、房定は消極的姿勢に終始した。

一四七六（文明八）年の長尾景春《かげはる》の乱を機に、古河公方《こがくぼう》方と関東管領方が接近し、一四八〇（同十二）年からは幕府と古河公方の本格的な和睦交渉が開始された。房定は斡旋役として両者を取り持ち、二年後に両者が和睦する（「都鄙《とひ》の合体」）。この功により、房定は従四位下相模守《さがみのかみ》に任じられた。

その後は越後で文化活動に専念するが、権謀術数渦巻く騒乱のなか、結果的に四十五年の長きにわたって越後守護の職を全うすることになった。

まとめ

自身の意思とは別のところで情勢が推移し、結果として長期政権を保つ

大内教幸《おおうちのりゆき》

道頓の名で知られる大内一門の反逆者

【所属軍】東

生没◆不詳
両親◆大内盛見・生母不詳
兄弟◆教弘、盛持など
正室◆不詳
在職◆不詳
官職◆左京大夫、掃部頭

周防《すおう》（山口県東部）を本拠とする大内氏は、大陸との貿易で得た経済力を背景に勢力を伸ばし、足利義満《よしみつ》の時代になると当主の大内盛見《もりみ》が周防、長門《ながと》（山口県西部）、豊前《ぶぜん》（福岡県東部、大分県西部）の守護に任じられた。つまり、実効支配後に守護職《しゅごしき》に追認されたということであり、これが大内氏の特殊性のひとつでもある。

その盛見の子が教幸、教弘《のりひろ》の兄弟である。盛見は九州で戦死し、家督は甥の持世《もちよ》が継いだが、この持世も一四四一（嘉吉元）年、足利義教《よしのり》に近侍しているときに赤松満祐《みつすけ》らに襲われ急死した（**嘉吉の乱**）。この間教幸は、九州の少弐《しょうに》氏らと謀って弟教弘の所領を襲うなど、すでに一族内で対立関係ができていた。そこで幕命により、弟教弘が大内家の後継者に立てられた。教幸は出家し、道頓《どうとん》（以降は道頓で表記）を号した。

弟の教弘は山名宗全の養子を娶《めと》るなど、周辺諸国との関係構築に務めたが、一四六五（寛正六）年に死去。嫡子の政弘《まさひろ》がその後継となった。

一四六七（応仁元）年に**応仁の乱**が勃発すると、山名宗全の縁戚でもある大内氏は西軍に属し、政弘は宗全の依頼に応じて大軍を率い、東上する。

いっぽう、東軍に加担する八代将軍足利義政《よしまさ》は、政弘の追討と、それに代わり道頓を大内氏当主に据える命令を下した。これには、大内氏の宿敵であり東軍総大将である細川勝元《かつもと》の意向が働いていた可能性が高い。大義名分を得た道頓は挙兵し、国内を掌握した。

だが、大内一門の重臣・陶弘護《すえひろもり》がこれに抵抗し、ついに道頓を破り、国内を回復する。敗れた道頓は豊前へと逃走した。その後の行方は杳《よう》として知れない。

まとめ

大内氏の宿敵細川勝元に利用されたが、家臣筋の陶氏に破れて姿を消す

応仁の乱
人物データファイル
068

織田敏定《おだとしさだ》

清洲城で死闘を繰り広げた隻眼の勇将

【所属軍】東

生没◆不詳～一四九五

両親◆織田久長・生母不詳
兄弟◆不詳
正室◆不詳

在職❖尾張下四郡守護代
官職❖大和守、伊勢守

武将ながら熱心な日蓮宗信徒でもあり、宗派の争いも裁いた

織田氏は、越前《えちぜん》織田荘（福井県越前町）から出た一族で、管領斯波《かんれいしば》氏の被官《ひかん》として尾張《おわり》（愛知県西部）の守護代《しゅごだい》を務め、いつしか伊勢守《いせのかみ》家（本家筋）と大和守《やまとのかみ》家（分家筋）の二派に分かれて争うようになった。

一四六七（応仁元）年に**応仁の乱**が起きると、尾張では伊勢守家の織田敏《とし》広《ひろ》が斯波義廉《よしかど》とともに西軍につき、東軍方についた大和守家の敏定と対立する。このときの尾張守護は斯波義敏《よしとし》の子の義良《よしすけ》（のち義寛《よしひろ》）だったようだが、当時の支配体制は混乱のためか不明瞭で、守護代などもはっきりしない。

一四七六（文明八）年、敏定はそれまで守護支配体制の拠点であった下津《おりづ》城（愛知県稲沢市）を攻め、敏広とその岳父の斎藤妙椿《みょうちん》らに勝利する。だが、その後敏広方が盛り返し、今度は敏定が尾張を追われ、京都に拠った。

一四七八（文明十）年、敏定は幕府の後援を得て尾張の清洲《きよす》城（愛知県清須市）に入った。だが、ふたたび敏広が斎藤妙椿をともない、清洲城を攻めた。この戦いで敏定は失明したが、城は死守した。翌年、幕府の介入により妙椿らはようやく撤退。この功により、敏定は尾張南部二郡を得ている。

その後も敏定は、敏広の伊勢守家と骨肉の争いを繰り広げ、九代将軍足利義尚《よしひさ》と義稙《よしたね》による六角討伐（長享《ちょうきょう》・延《えん》徳《とく》の乱）にも従軍。一四九五（明応四）年に亡くなった。死因は明らかでない。

まとめ
本家筋の敏広と猛将・斎藤妙椿を相手に一歩も引かず、大和守家を守る

越智家栄《おちいえひで》

筒井氏と覇を競った大和を代表する国衆

【所属軍】西

生没◆不詳〜一五〇〇
両親◆越智維道・生母不詳
兄弟◆不詳
正室◆不詳
在職❖不詳
官職❖弾正忠・伊賀守、修理大夫

鎌倉時代以降、大和《やまと》（奈良県）を支配する興福寺《こうふくじ》は、塔頭《たっちゅう》（別院のような寺域内組織）ごとに個別の勢力を有し、長く権力闘争を繰り広げた。

塔頭のなかでも一条院《いちじょういん》に属する筒井《つつい》氏と越智氏は春日大社の神人《じにん》（国民《こくみん》）として強大な勢力を誇り、互いに争った。また、大乗院《だいじょういん》の古市《ふるいち》氏らとは合従《がっしょう》連衡《れんこう》を繰り返した。

越智氏は南大和の国衆を従え、北大和の筒井氏とは長年の仇敵《きゅうてき》といえる関係にあった。家栄の父維通《これみち》は、一条院と大乗院の争いに端を発した大和永享《えいきょう》の乱を扇動《せんどう》するが、一四三九（永享十一）年に六代将軍足利義教《よしのり》が派遣した河内《かわち》（大阪府東部）守護・畠山持国《もちくに》らに討たれた。そののち、紆余曲折を経て、家栄は持国の後援を得て越智家の家督を相続する。

その後も、大乗院門跡《もんぜき》（貴人の住職）の経覚《きょうがく》らとともに宿敵筒井氏の内紛に干渉するなど、大和の主導権をめぐって争った。一四五五（康正元）年には畠山持国が死去し、その後継をめぐって義就《よしひろ》と政長《まさなが》が対立する。家栄は一貫して義就に加担し、援助した。

また、家栄は一四六六（文正元）年に義就が上洛を開始するとこれに呼応して挙兵。政長派の筒井氏、箸尾《はしお》氏らと戦った。**応仁の乱**では、西軍による南朝の子孫の天皇擁立を後援している。

一四七七（文明九）年には、義就の河内下向に呼応し、宿敵筒井氏らを破ってついに大和一国を手中に収めた。

一四九〇（延徳二）年に義就が死去すると、後継の義豊《よしとよ》に仕えた。三年後に義豊は政長と十代将軍足利義材《よしき》に攻められ、家栄も危うく連座《れんざ》しかかるが、かねて接近していた細川政元《まさもと》が義材を廃すると立場を持ち直し、春日大社国民を従僕《じゅうぼく》のように従えて上洛した。

まとめ

終始一貫して畠山持国とその実子の義就を支持し、大和国の覇権を確立

応仁の乱
人物データファイル
070

甲斐常治《かいじょうち》

在京ながら越前を掌握した守護代筆頭

【所属軍】
—

生没◆不詳～一四五九

両親◆甲斐祐徳（将教）・生母
不詳
兄弟◆近江守
正室◆不詳

在職❖越前・遠江守護代（在京）
官職❖美濃守

甲斐氏は代々斯波《しば》氏の家政を取り仕切る執事《しつじ》という職を務めた家系というが、その経歴ははっきりしない。いっぽうで甲斐氏は、室町将軍家から直接命令を受ける直臣《じきしん》的な扱いを受けていた。これには、三管領《さんかんれい》家のひとつとして強大な勢力を有した斯波氏を監視させる、という幕府方の意図もあった。

興福寺大乗院門跡《こうふくじだいじょういんもんぜき》（貴人の住職）の経覚《きょうがく》は、自身が所有する越前河口荘《えちぜんかわぐち》（福井県あわら市・坂井市）の運営を越前守護代の常治に任せている。当時、荘園経営を守護に代理させることは「守《しゅ》護請《ごうけ》」といって一般的であったが、守護代の常治がこれを当たり前のように受けていることからも、いかに越前で権勢を誇っていたかがわかる。もっとも、在京の常治は同地の経営を代官《だいかん》の甲斐八郎五郎《はちろうごろう》に任せていた。

一四五二（享徳元）年には、幼くして守護職を継いだ斯波義健《よしたけ》が嗣子なく没する。常治は斯波持種《もちたね》の子の義敏《よしとし》を義健の養子として守護に擁立し、その後見役として権力を掌握した。

やがて義敏は、幕府の監視役である常治を疎むようになり、しだいに対立していく。一四五七（長禄元）年には義敏が挙兵するが、幕府の後援を得ている甲斐方は、同じく守護代の朝倉・織田氏と共闘してこれを退けた。

翌年には両者に和議が成立するも、義敏を担ぐ越前国衆の堀江利真《ほりえとしざね》が甲斐・朝倉の守護代勢力と衝突する（長禄合戦）。これは猛将・朝倉孝景《たかかげ》の活躍もあり、守護代側の優勢で終始した。

一四五九（長禄三）年、義敏は甲斐方の守る敦賀金ケ崎城《つるがかねがさき》（福井県敦賀市）を攻めるが撃退された。そしてこのころ、常治は京都で死去している。以後、甲斐氏は朝倉孝景の急激な台頭により、越前での優位性を完全に失う。

まとめ

二重スパイ的な存在として越前守護家と将軍家を往復し、権勢を確立

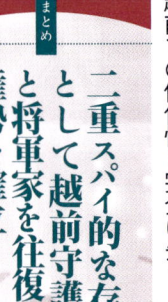

菊池重朝《きくちしげとも》

大乱のなか文化活動に傾倒した異色の守護

【所属軍】東

生没◆一四四九～九三
両親◆菊池為邦・生母不詳
兄弟◆不詳
正室◆不詳
在職❖肥後国守護
官職❖従四位下肥後守

菊池氏は、肥後《ひご》国菊池郡（熊本県菊池市）を発祥とする藤原北家《ほっけ》流の氏族という。その起源は諸説あるが、十一世紀ごろ同地に土着したとされる。

重朝の先々代にあたる持朝《もちとも》のころには筑後《ちくご》（福岡県南部）守護職も兼ねたが、続く為邦《ためくに》の代に筑後守護は豊後《ぶんご》（大分県）守護の大友氏と折半《せっぱん》することとなった。これに反発した為邦は一四六五（寛正六）年、大友氏と合戦に及んだが敗北し、筑後は大友氏に帰した。

翌一四六六（文正元）年に為邦は隠居し、重朝が家督を相続する。その翌年には**応仁の乱**が勃発するが、一応東軍方に属したということ以外、格別目立つ軍事行動を起こした様子はない。また、重朝は父の代に失われた筑後守護職の奪還を目指していたともされるが、特にそれが実現した形跡はない。

むしろ重朝は、乱世到来の気配のなか文化活動にまい進したことで知られる。父の為邦と同様に文物を好み、一四七〇（文明四）年には阿蘇《あそ》神社（熊本県阿蘇市）の本殿と十二柱を祀る阿蘇十二宮の造営のために棟別銭《むねべつせん》（家屋ごとの税）を課し、一四七四（同八年）には藤崎《ふじさき》八幡宮（熊本市）を造営するなど、肥後国内の文化振興に注力した。

また、重朝は詩歌や連歌にも優れ、同年に清源《せいげん》寺（熊本県玉名郡）の僧・季材明育《りざいめいいく》が上京する際に送った詩は、京都五山の僧たちに激賞されたという。連歌興行《れんがこうぎょう》も熱心に行い、たびたび本拠地の隈部《くまべ》（熊本県菊池市）に家臣や国衆らを招いては連歌会を催した。こうした肥後の文化隆盛ぶりを、臨済宗の僧・天隠龍沢《てんいんりゅうたく》は「肥の国たるや文あり武あり、実に邦君の仁化の及ぶ所なり」と賞賛している。ただ、父為邦以来のこうした文化への傾倒が、菊池家の衰退を早めたともいわれる。

まとめ

肥後国という遠方の地にありながら、京の僧にも認められる文化を花咲かせる

応仁の乱 人物データファイル 072

渋川義鏡《しぶかわよしかね》

生没◆不詳

【所属軍】不詳

両親◆渋川義俊・生母不詳／兄弟◆不詳／正室◆山名氏の娘

祖父伝来の地で奮闘した関東探題

義鏡の曾祖父義行《よしゆき》が南北朝時代に九州探題《きゅうしゅうたんだい》（九州支配の軍事司令）を任じられて以降、戦国時代に大友宗麟《そうりん》が就任するまで、ほぼ渋川氏が同職を世襲している。義鏡の代には、理由不明ながら義鏡でなく従兄弟の満直《みつなお》が同職を継いだ。

鎌倉公方《くぼう》足利成氏《しげうじ》と関東管領《かんれい》上杉憲実《のりざね》の諍《いさか》いに端を発した抗争（永享の乱）では、幕府は情勢打開のため一四五七（長禄元）年に義鏡を関東探題に任じ、父祖伝来の知行地である武蔵《むさし》国足立《あだち》郡蕨《わらび》（埼玉県蕨市）へ下向させた。義鏡は幕府に依頼して足利政知《まさとも》を派遣させ、これを戴いた（のちの堀越公方《くぼう》）。だが、戦況は幕府・義鏡方不利で推移し、義鏡は、寛正年間（一四六一～六六）頃に失脚したと思われる。

まとめ
政知配下の軍司令官として派遣されるも、関東平野進出に失敗

応仁の乱 人物データファイル 073

成身院光宣《じょうしんいんこうせん》

生没◆一三九〇～一四七〇

【所属軍】東

両親◆筒井順覚・生母不詳／兄弟◆順弘、尊覚、実憲、順永／正室◆不詳

東軍の最前線にいた筒井家中の僧

光宣は、大和《やまと》の有力国衆・筒井《つつい》氏の出で、出家して興福《こうふく》寺《じ》末寺の成身院《じょうしんいん》に入ったのち、筒井家の陰の実力者となり、兄順弘《じゅんこう》らと対立するが、弟順永《じゅんえい》と組んでこれに勝利する。大乗院門跡《だいじょういんもんぜき》（貴人の住職）の経覚《きょうがく》とは、河上五ヶ関《かわかみごかせき》と呼ばれる関所の代官の座などをめぐり対立した。一四四三（嘉吉三）年に兄順弘が謀殺され、翌年に光宣らが筒井城（大和郡山市）を奪ったことで内部抗争は終息した。

河内《かわち》（大阪府東部）・紀伊《きい》（和歌山県、三重県南部）守護の畠山氏が内紛で分裂すると、光宣は政長《まさなが》を支持する。戦いでは一時、義就《よしひろ》方の越智家栄《おちいえひで》らに敗れるが、一四六〇（長禄四）年には勝利した。**応仁の乱**勃発後は、細川勝元に加担し、東軍の精鋭として上京《かみぎょう》の戦いなどで活躍した。

まとめ
兄を蹴落とし、門跡と敵対し、大和を転戦し、京都の上京へ

応仁の乱
人物データファイル
074

少弐教頼《しょうにのりより》

生没◆一四二六～六九

【所属軍】東

両親◆少弐満定・生母不詳／兄弟◆資嗣、嘉頼など／正室◆宗貞盛の娘

強大な大内氏に対抗した名門武士

少弐氏は、太宰少弐《だざいしょうに》（九州長官の次官）を歴任し、元寇《げんこう》でも活躍した武家の名門だが、室町時代になると九州《きゅうしゅう》探題《たんだい》（九州軍長官）の渋川《しぶかわ》氏と対立し、父満貞《みつさだ》の代には大内氏、渋川氏、大友氏も含めて大混戦となった。

一四四一（嘉吉元）年、兄嘉頼《よしより》が没したため、教頼が家督を相続。同年、**嘉吉の乱**の混乱に乗じ、大内氏の領国である筑前《ちくぜん》（福岡県西部）・豊前《ぶぜん》（福岡県東部、大分県西部）に侵入するも、翌年には幕府と大内氏らで編成された討伐軍に敗れた。その後も筑前の支配権をめぐり、大内氏と幾度も対立した。**応仁の乱**では東軍にくみし、対馬《つしま》国（長崎県対馬市）守護代の宗盛直《そうもりなお》をともなって挙兵。博多（福岡市）方面などへ出陣するも、大内勢に敗れて自害した。

まとめ
大内氏討伐を繰り返すも、成果なく返り討ちにあう

応仁の乱
人物データファイル
075

富樫政親《とがしまさちか》

生没◆一四五五～八八

【所属軍】東

両親◆富樫成春・生母不詳／兄弟◆妙善尼、幸千代／正室◆四辻中納言の娘？

一向一揆に殺害された加賀守護

富樫氏は藤原北家《ほっけ》流を称し、加賀《かが》国富樫《とがし》郷（石川県野々市《ののいち》市）から出て加賀守護を歴任した。

室町時代には一族が分裂し、政親の父成春《しげはる》の時代になると、管領《かんれい》家の畠山・細川氏らが介入して混乱が続いた。

嘉吉の乱で没落した赤松氏が一四五七（長禄元）年に長禄の変で功をあげると、その翌年、細川勝元《かつもと》が赤松政則《まさのり》に加賀の北半国を与え、成春は追放されたのちに病没する。

跡を継いだ政親は失地回復を志し、**応仁の乱**勃発後は勝元の東軍についた。だが、弟の幸千代《こうちよ》が西軍についたため兄弟が敵対。政親は本願寺門徒《もんと》（一向宗徒）の力を借りて幸千代を追放した。これにより一向宗徒の介入を招き、一四八八（長享二）年、一向一揆勢に敗れて自害した。

まとめ
加賀をその後一世紀も「百姓のもちたる国」にして歴史に残る

応仁の乱
人物データファイル
076

土岐成頼《ときしげより》

生没◆一四四二～九七

【所属軍】西

両親◆一色義遠（諸説あり）・生母不詳／兄弟◆義有など／正室◆斎藤利永の娘

守護代に利用された名門の子

土岐氏は清和《せいわ》源氏のうち美濃国《みののくに》（岐阜県南部）に土着した一族で、代々美濃守護を務めた。成頼の実父は四職家《ししきけ》の一色《いっしき》氏で、守護代の斎藤利永《さいとうとしなが》に擁立されて土岐氏に養子入りし、一四五六（康正二）年に美濃守護職を継いだ。

応仁の乱が勃発すると、成頼は軍勢を率いて上洛。いっぽう、斎藤氏によって守護代の座を奪われた前守護代の長《なが》江《え》・富島《とみしま》の両氏は東軍に加担し、留守を守る斎藤妙椿《みょうちん》と争った。妙椿はこれを退け、影響力を拡大していった。

一四七七（文明九）年に乱が終結すると、成頼は足利義《よし》視《み》・義材《よしき》親子を保護して美濃に帰還し、以後十一年も彼らを留まらせた。妙椿の死後、斎藤氏に内紛が起こると、妙椿の子の利国がそれを制し、成頼と幾度も争った。

まとめ
十一年に及ぶ大乱に律儀に参戦したため、妙椿の台頭を許す

応仁の乱
人物データファイル
077

古市胤栄《ふるいちいんえい》

生没◆一四三九～一五〇五

【所属軍】西

両親◆古市胤仙・生母不詳／兄弟◆澄胤／正室◆不詳

終始消極的な西軍方の変わり種

古市氏は大和国《やまとのくに》（奈良県）の春日神人《じにん》（国民《こくみん》）のうち南大和の代表格で、興福寺の大乗院《だいじょういん》方に属する社僧のなかでも特別な地位にあった。父胤仙《いんせん》が没すると家督を相続し、宿敵であった北大和の筒井《つつい》とは融和的な姿勢で臨んだ。また、胤栄は大乗院門跡《だいじょういんもんぜき》（貴人の住職）の経覚《きょうがく》との関係を重視し、その流れで**応仁の乱**前夜には斯波義廉《しばよしかど》＝山名宗全＝畠山義就《よしひろ》にくみしている。**応仁の乱**勃発後は京都に軍勢を派遣するが、自身は大和にとどまった。

なお、胤栄は、父と同様に文化人としても知られるが、古市城《ふるいちじょう》（奈良市）の城下に風呂を設けて客人にふるまい、風呂釜が壊れると、その修復費用捻出のために有料の踊り小屋をつくるなど、風変りな人物でもあった。

まとめ
武将でもあり僧でもあり、風呂好きで祭り好きな風流人

応仁の乱 人物データファイル 078

足利茶々丸《あしかがちゃちゃまる》

生没◆不詳〜一四九八

【所属軍】東

両親◆足利政知・生母不詳／兄弟◆義澄、潤童子など／正室◆不詳

早雲に誅殺された堀越公方の庶子

父の足利政知《まさとも》は、室町幕府公認の鎌倉公方として古河公《こが》方《ぼう》足利成氏《しげうじ》を追討するために関東へ派遣された。だが成氏方に苦戦し、鎌倉に入れなかった。このため政知は堀越《ほりごえ》（伊豆の国市）に留まり、御所を構えたことから堀越公方と呼ばれるようになった。茶々丸はその嫡子として堀越御所に生まれたとされるが、時期ははっきりしない。

一四九一（延徳三）年に父政知が逝去すると、継母の円《えん》満院《まんいん》に虐待のうえ監禁される。茶々丸は牢番《ろうばん》を殺害して破獄、円満院と潤童子も殺害して家督を強奪した。だが、虚偽の情報を信じて老臣を殺害するなど失策が過ぎ、駿河興《するがこう》国寺城《こくじ》（沼津市）の伊勢宗瑞《そうずい》（北条早雲《ほうじょうそううん》）に攻められて逃亡した。その後は失地回復を図るが失敗し、自害した。

まとめ

兄弟殺しの汚名以上に、民や家臣団の信頼を得られずに破滅

応仁の乱 人物データファイル 079

一色義遠《いっしきよしとお》

生没◆不詳

【所属軍】西

両親◆一色義貫・生母不詳／兄弟◆義直／正室◆不詳

知多半島に勢を得た四職家の雄

義遠の父義貫《よしつら》は四カ国の守護などを務め、一色氏の全盛期を築いた。だが六代将軍足利義教《よしのり》の疑心を買い、一四四〇（永享十二）年にその命を受けた若狭《わかさ》（福井県西部）守護の武田信栄《たけだのぶひで》に殺害された。一色氏は分裂させられ、以後義貫の子らにより回復運動が展開される。

義貫の後継となった義遠の兄義直《よしなお》は、一色氏当主の座を回復し、義遠は一四五一（宝徳三）年に尾張知多《おわりちた》郡を与えられた。**応仁の乱**においては西軍に属し、三河《みかわ》（愛知県東部）の細川成之《しげゆき》勢と争った。一四七四（文明六）年には、和睦交渉の結果武田氏が丹後《たんご》（京都府北部）を一色氏に返還することとなった。乱の終結後、義遠は知多郡を放棄して丹《たん》波《ば》（京都府中部）に移り、嫡子の義有《よしあり》に家督を譲った。

まとめ

兄とともに家名回復に賭けるが、西軍についたため尾張を失う

応仁の乱 人物データファイル 080

一色義春《いっしきよしはる》

生没◆一四六六〜八四

【所属軍】西

両親◆一色義直・生母不詳／兄弟◆義秀／正室◆不詳

旧領回復に賭けた一色氏の若武者

四職《ししき》（侍所頭人《さむらいどころとうにん》を司る四家）の一色氏は、六代将軍足利義教《よしのり》のころに分裂して弱体化。その後義春の父義直《よしなお》らの運動により再び勢力を回復しつつあった。

応仁の乱が勃発すると、義直は西軍にくみしたが劣勢となって、丹後《たんご》（京都府北部）守護の座を奪われた。その後一色氏旧領の各地では一色氏と敵対勢力による一進一退の攻防が繰り広げられた。**応仁の乱**収束後、義直は家督を義春に譲って隠居した。そののち、義春は丹後守護を奪還。さらに、幕府より伊勢国《いせ》（三重県北・中部）北半国を与えられたが、これは北畠氏《きたばたけ》に阻止された。その後は父とともに幕府に出仕し、若き十代将軍足利義尚《よしひさ》の側近となったが、一四八六（文明十六）年、十九歳で逝去した。

まとめ
父祖の悲願を引き継ぎ義尚の側近として奮闘するも、無念の早逝

応仁の乱 人物データファイル 081

大友親繁《おおともちかしげ》

生没◆一四一一〜九三

【所属軍】東

両親◆大友親著・生母不詳／兄弟◆孝親、親綱、直親／正室◆不詳

東軍につき奮戦した九州北部の雄

大友氏は藤原氏の末流とされ、鎌倉時代以後は豊後《ぶんご》（大分県）・筑後《ちくご》（福岡県南部）守護職として、九州で少弐氏《しょうに》、島津氏と並ぶ権勢を誇った。親繁の父親著《ちかあき》も同職を担ったが、次代には甥の持直《もちなお》が豊後守護となり、一四四四（文安元）年に親繁がそれを引き継いだ（筑後守護は不明）。

親繁は、大陸との貿易に積極的に取り組むなど、領国支配の強化に努めた。**応仁の乱**にあたっては、一四六九（文明元）年から少弐頼忠とともに東軍方にくみし、筑前《ちくぜん》・豊前《ぶぜん》（福岡県、大分県北部）の大内氏と争った。これは、大内氏と犬猿の仲である細川勝元からの要請で、大内領の後背を突いたものとみられている。その取引の結果か、親繁は同年に筑後守護も兼任している。

まとめ
大内氏を九州から追い出すべく奮闘し、豊後・筑後支配を確立

応仁の乱
人物データファイル
082

小山持政《おやまもちまさ》

生没◆不詳

逆賊足利成氏を支援し続けた勇将

【所属軍】
東

両親◆小山満泰・生母不詳／兄弟◆宇都宮等綱室／正室◆不詳

小山氏は、太田道灌《おおたどうかん》で有名な太田氏の支流とされ、室町初期に反乱を起こして一度断絶した。しかし、一族の結城《ゆうき》氏から出た小山泰朝《やすとも》が再興した。この泰朝が持政の祖父にあたる。泰朝の次代は諸説あるが、一四二三（応永三十）年に持政が所領を安堵されている。一四四〇（永享十二）年の結城氏朝《うじとも》の反乱では、父と敵味方に分かれて戦ったといい、このときの働きにより持政は下野守《しもつけのかみ》に任じられた。

だが、一四五五（享徳三）年からの**享徳の乱**では古河公方《こがくぼう》足利成氏《しげうじ》方につき、幕府・関東管領《かんれい》方と敵対。持政は成氏の絶大な信頼を得ており、幕府は幾度も持政に翻意をうながした。持政はこれを断り続けるが、一四七一（文明三）年にようやく降伏した。その後の消息は不明。

まとめ

一族再興の恩義からか一貫して古河公方に従った筋目正しい男

応仁の乱
人物データファイル
083

甲斐敏光《かいとしみつ》

生没◆不詳

朝倉孝景に振り回された越前武士

【所属軍】
西

両親◆甲斐常治・生母不詳／兄弟◆なし／正室◆不詳

父は越前《えちぜん》（福井県東部）守護代として権勢を誇った甲斐常治《じょうち》で、敏光は主君の斯波義敏《しばよしとし》から一字を拝領している。だが一四五七（長禄元）年以後、義敏は甲斐氏や朝倉氏らの守護代方と敵対し、二年後には敗れて逃亡した。同年中に父常治が京都で死去するが、敏光は越前に残った。

応仁の乱が勃発すると、敏光は朝倉孝景《たかかげ》とともに斯波義廉《よしかど》方（西軍）についた。孝景とは利害が一致していた敏光であったが、一四七一（文明三）年に孝景が東軍に寝返ると情勢が一変。敏光は越前で孝景と戦い、一時は優勢であったが最終的に敗れ、他国へ逃れた。その後も孝景とその子の氏景《うじかげ》を相手に戦うも越前回復はかなわず、氏景と和睦後に遠江《とおとうみ》（静岡県）守護代に定められた。

まとめ

父に続き越前を守るも、朝倉孝景の寝返りによってこれを失う

応仁の乱 人物データファイル 084

北畠教具《きたばたけのりとも》

生没◆一四二三～七一

【所属軍】東

両親◆北畠満雅・生母不詳／兄弟◆不詳／正室◆不詳

伊勢に根を張り武家化した公家

北畠氏は村上源氏の公家で、伊勢国《いせ》（三重県北・中部）の国司《こくし》（地方長官）として赴任し、のちに守護大名扱いから戦国大名化することになる。教具は一四四一（嘉吉元）年に伊勢国司となったが、同年に赤松満祐《みつすけ》が六代将軍足利義教を謀殺する**嘉吉の乱**が勃発。満祐の子の教康《のりやす》が教具を頼って伊勢を訪れたが、教具はこれを殺害した。

応仁の乱が起こると、八代将軍足利義政《よしまさ》の弟義視《よしみ》が京から逃れ伊勢へ下向してきたため、教具はこれを厚遇した。一四六八（応仁二）年には、土岐《とき》一族の土岐世保政康《よやすまさやす》が伊勢守護に任じられ、国司の教具と対立。政康は伊勢国衆の長野氏と共闘するが、教具はこれを撃破した。一四六九（文明元）年には伊勢在国のまま権大納言《ごんだいなごん》となった。

まとめ

幕府に忠誠を誓いつつ、伊勢国司として独自のスタンスを貫く

応仁の乱 人物データファイル 085

河野教通《こうののりみち》

生没◆不詳～一五〇〇

【所属軍】東

両親◆河野通久・生母不詳／兄弟◆通生／正室◆不詳

伊予を守り抜いた河野本家の棟梁

河野氏は伊予国《いよ》（愛媛県）を拠点として栄えたが、教通の父通久《みちひさ》の代で二系統に分裂。教通の系統は河野本家、もうひとつの系統は河野予州《よしゅう》家と呼ばれた。

一四三五（永享七）年に父が戦死すると、教通が家督を相続。以後、教通は幕命により**永享の乱**などに出陣して戦功をあげた。いっぽう、予州家の通春《みちはる》とは幾度も伊予守護職をめぐって争った。背景には、予州家を後援する大内氏と、本家を後援する細川氏の争いがあった。

応仁の乱に突入すると、教通は細川勝元にくみして東軍についた。一四七三（文明五）年に伊予守護に任じられると、今度は阿波《あわ》（徳島県）守護の細川義春《よしはる》と争い、これを撃退。予州家も下し、一五〇〇（明応九）年に没した。

まとめ

細川・大内の代理戦争のなか、河野本家のために東軍につく

応仁の乱 人物データファイル 086

河野通春《こうのみちはる》

生没◆不詳～一四八二

【所属軍】西

両親◆河野通元・生母不詳／兄弟◆不詳／正室◆不詳

大内氏の東征に従った予州家当主

伊予《いよ》国（愛媛県）の河野氏は、通春の父通元《みちもと》の代に御家騒動が勃発し家系が分かれた。このときから本家の教通《のりみち》に対し、通春の家系は代々伊予守《いよのかみ》を名乗っていたことから予《よ》州《しゅう》家《け》と呼ばれた。一四四一（嘉吉元）年以後、通春は本家の教通と対立する。また、通春にとって阿波《あわ》（徳島県）守護の細川成之《しげゆき》も対立する存在で、成之は細川本家の細川勝元《かつもと》と結託し、通春と争った。しかし、周防《すおう》（山口県東部）の大内政弘《まさひろ》は通春を支援する存在だった。

その大内政弘が**応仁の乱**勃発後に上京すると、通春は積年の恩義により従属した。しかしその留守中、教通が伊予の地盤を固めてしまい、以後、通春は教通と幾度も戦うが、通春の予州家再興はかなわず。

まとめ

本家との骨肉の争いと大内氏への忠義心が災いし、お家再興に失敗

応仁の乱 人物データファイル 087

渋川教直《しぶかわのりなお》

生没◆一四二二～七九

【所属軍】西

両親◆渋川満直・生母不詳／兄弟◆不詳／正室◆不詳

父の仇討ちに執心した九州探題

足利氏一門の渋川氏は、代々九州探題《きゅうしゅうたんだい》（九州支配の軍事司令）を務めるが、室町時代初期の満頼《みつより》の代で少弐《しょうに》氏の圧迫を受けて弱体化する。その後満頼の甥の満直《みつなお》が同職を継ぎ、肥前《ひぜん》（佐賀県、長崎県）守護を兼ねるが、大内氏の多大な援助を受けながらも少弐氏に敗れ、満直は戦死した。その満直の後継となったのが教直であった。

一四四二（嘉吉二）年、教直は大内教弘《のりひろ》とともに、共通の仇敵である少弐氏の教頼《のりより》を下した。このときの関係から、**応仁の乱**勃発後も教直は大内氏にくみし、東軍方の教頼と戦った。そして一四六八（応仁二）年には、大内勢とともに教頼を攻め、自刃に追い込んだ。以後教直は長く九州探題職と肥前守護を務め、朝鮮との貿易などで領国は栄えた。

まとめ

「敵の敵は味方」式に大内氏の力を借り、ついに目的を果たす

応仁の乱 人物データファイル 088

島津立久《しまづたつひさ》

生没◆一四三二〜七四

【所属軍】東

両親◆島津忠国・新納忠臣の娘／兄弟◆友久、久逸、勝久など／正室◆梶原弘純の娘

南九州で中立する形だけの東軍武将

島津氏は、平安時代に南九州を得て土着し、薩摩《さつま》・大隅《おおすみ》（鹿児島県）・日向《ひゅうが》（宮崎県）三国の守護として君臨。以後は内紛や分裂・糾合を繰り返していた家系。立久の父忠国《ただくに》のころには国人一揆が頻発し、忠国は弟用久《もちひさ》にその対処を代行させた。ところが忠国と用久も対立した。一四五九（長禄三）年に用久が没すると、今度は立久が父と敵対した。

応仁の乱では、立久は東軍方に、分家諸氏が西軍にくみしたが、いずれも京へ出陣した形跡はない。また、島津氏は忠国の代に幕府より琉球の支配権を得ており、一四六九（文明元）年には、立久が琉球渡航船の取り締まりを命じられている。一四七一（文明六）年に立久が死去すると、ふたたび用久の家系が反乱を起こし、内紛が再燃した。

まとめ　家中の内部抗争が、南九州における応仁の乱の代理戦争となる

応仁の乱 人物データファイル 089

宗貞国《そうさだくに》

生没◆不詳

【所属軍】東

両親◆宗盛国・即月（仁位宗氏）／兄弟◆不詳／正室◆不詳

着実に我が道を行く対馬の支配者

宗氏は、平安時代には対馬国《つしまのくに》（長崎県対馬市）を実質支配し、朝鮮半島との通交を担った家柄。室町時代には少弐《しょうに》氏に代わって守護職となった。

以後、宗氏本家と庶流の仁位《にい》宗氏で内部分裂し、一世紀以上抗争を繰り広げた。貞国の父は本家八代当主貞盛《さだもり》の弟で、母は仁位宗氏の出であった。一四六七（応仁元）年、両家の血脈を引く貞国が本家を相続したことで、両者の和解が成立。貞国は対馬一円の支配権を確立した。

いっぽう、かつての主筋にあたる少弐頼忠《よりただ》（教頼《のりより》の子）が対馬へ亡命しており、一四六九（文明元）年、貞国はこれを奉じて九州へ出兵、大内氏らを破った。だが頼忠と貞国に不和が生じて貞国は対馬へ帰島。頼忠は敗れて自刃。

まとめ　大乱をよそ目に内紛をまとめ、朝鮮通交の権益を守り抜く

応仁の乱
人物データファイル
090

筒井順永《つついじゅんえい》

生没◆一四一九～七六

【所属軍】東

両親◆筒井順覚・生母不詳／兄弟◆順弘、成身院光宣など／正室◆不詳

兄とともに戦に明け暮れた元僧侶

順永の兄順弘《じゅんこう》と成身院光宣《じょうしんいんこうせん》が河上五ヶ関《かわかみごかせき》（淀川沿いの関所）の代官の座をめぐって争い、順弘が逃走すると、相《しょう》国寺《こくじ》（京都府上京区）の僧となっていた順永が還俗《げんぞく》（僧籍を離脱すること）し家督を相続した。やがて大乗院門跡《だいじょういんもんぜき》の経覚《きょうがく》とも河上五ヶ関をめぐって対立。一度は敗れるものの反撃に転じて五ヶ関を掌握、一四五四（享徳三）年に和睦した。

畠山氏の内紛では、持富《もちとみ》の子の弥三郎《やさぶろう》を成身院光宣とともに支持する。だが、弥三郎を下した義就《よしひろ》方に敗れ、順永は河内《かわち》へと逃れた。その後弥三郎の弟政長《まさなが》を擁して攻勢をかけ、義就を嶽山《だけやま》城（大阪府富田林市）から追放する。**応仁の乱**でも義就方と戦うが、一四七六（文明八）年に死去。

まとめ

混戦の大和情勢下で武勇を発揮、筒井氏中興の英主と呼ばれる

応仁の乱
人物データファイル
091

十市遠清《とおちとおきよ》

生没◆不詳～一四九五

【所属軍】東

両親◆十市遠栄・生母不詳／兄弟◆遠勝／正室◆不詳

大和土着で消極的な東軍武将

十市《とおち》氏は越智《おち》氏と同じく南大和《やまと》の国民《こくみん》（神人《じにん》）で、十市城（奈良県橿原市）を本拠とした。北大和の筒井氏、古市《ふるいち》氏とは長く敵対関係にあったが、越智氏とは違って十市氏は消極的な姿勢に終始した。

大和を巻き込んだ畠山持国《もちくに》の後継問題においては、中立派の遠清は弥三郎《やさぶろう》方と義就《よしひろ》方両者の仲介に立ち、一四六六（文正元）年の和睦成立に貢献した。だが事態は収まらずついに**応仁の乱**へ発展する。遠清は東軍にくみして越智家《いえ》栄《ひで》らと争ったが、積極的に戦うことはなかった。

そののち、遠清は大和の国衆らの争いに乗じて勢力を拡大するが、南大和の越智氏に敗れて失地回復はならなかった。そして、失意のまま一四九五(明応四)年に亡くなった。

まとめ

南北で激しく争う大和国衆のなか、穏健派として仲裁役に回る

応仁の乱 人物データファイル 092

富樫幸千代《とがしこうちよ》

生没◆不詳

【所属軍】西

両親◆富樫成春・生母不詳／兄弟◆妙善尼、政親／正室◆不詳

兄弟で骨肉相食んだ若武者

幸千代の父富樫成春《しげはる》が守護職を奪われて死去すると、その後継をめぐり、兄政親《まさちか》と間に対立が起きる。政親は、成春の後に加賀国《かが》（石川県南部）守護となった大叔父の富樫泰高《やすたか》からその職を譲り受けるが、これに反対する勢力が幸千代を擁立したのである。**応仁の乱**に突入すると、当初こそ西軍についた幸千代が有利であったが、朝倉孝景《たかかげ》の寝返りにより形勢は逆転した。

一四七二（文明四）年、幸千代は孝景に敗れて加賀へ逃れてきた甲斐敏光《かいとしみつ》を取り込み、真宗高田派《しんしゅうたかだ》（高田専修寺派）の後援も得て政親を攻めた。この戦いで政親はいったん敗走するが、政親は、本願寺派門徒《もんと》らの支援を受けて幸千代を逆襲。その結果、幸千代は敗死した（諸説あり）。

まとめ

兄弟で対立し宗教勢力の力を借り戦うが、最後は敗死した

応仁の乱 人物データファイル 093

土岐政康《ときまさやす》

生没◆不詳

【所属軍】東

両親◆土岐持頼・生母不詳／兄弟◆不詳／正室◆不詳

伊勢国司と戦った土岐家傍流の将

三国守護の土岐氏は、政康の曾祖父康行《やすゆき》の代で三代将軍足利義満《よしみつ》に対して反乱を起こし、土岐氏の宗家は別系統に移った。それから康行の家系は世保土岐家《よやす》と呼ばれ、伊勢《いせ》（三重県北・中部）守護となった。だが、伊勢には国司《こくし》の北畠氏が勢力を築いており、政康の父持頼《もちより》は衝突を繰り返した。その後持頼は六代将軍足利義教《よしのり》の勘気を蒙《こうむ》り、ついに討ち取られた。家督を継いだ政康は、**応仁の乱**で細川勝元《かつもと》方につき、東幕府から伊勢守護の座を安堵された。

軍記物の『応仁記』には「細川方についた土岐政康が一《いっ》色義直《しきよしなお》の分国である伊勢へ討ち入った」とある。ただ、むしろ政康の敵は伊勢国衆や国司の北畠教具であった。政康はこれと戦うがままならず、伊勢守護職を解かれた。

まとめ

世保家の生命線である伊勢守護の座を守るため、勝元の東軍へ

応仁の乱 人物データファイル 094

長尾景春《ながおかげはる》

生没◆一四四三～一五一四

【所属軍】一

両親◆長尾景信・長尾頼景の娘／兄弟◆上杉定正室など／正室◆不詳

主家の座を奪おうとした大乱首謀者

京都が**応仁の乱**で混乱するなか、古河公方《こがくぼう》と関東管領《かんれい》の争いは一進一退を続けていた。一四七三（文明五）年、山内《やまのうち》上杉家家宰《かさい》職の景春は、突如として鉢形《はちがた》城（埼玉県大里郡）に拠り、関東管領上杉顕定《あきさだ》の五十子《いかっこ》陣（埼玉家本庄市）を襲撃する。父の後継が叔父忠景《ただかげ》に決まったことへの不満によるとされてきたが、主家に取って代わる野望を抱いたのではないか、というのが近年の通説。

戦場は関東全域に広がるが、扇谷《おおぎがやつ》上杉家の家宰太田道灌《おおたどうかん》の活躍により景春方の勢力は一掃されてしまう。だが、道灌の死により、戦いは上杉家間の争いへと移った。そこで景春は扇谷上杉家に加担し、戦いは長期戦となったが、一五〇五（永正二）年にようやく和睦することになった。

まとめ

謀反の実行や他家の争いに加担しつつも、七十二歳の長命を保った

応仁の乱 人物データファイル 095

南朝後胤の兄弟《なんちょうこういんのきょうだい》

生没◆不詳

【所属軍】西

両親◆不詳／兄弟◆不詳／正室◆不詳

西軍が擁立した幻の「西陣南帝」

一四六八（応仁二）年、後花園《ごはなぞの》天皇が足利義視《よしみ》を「朝敵」としたことで、義視を戴く西軍は大義名分を失った。その翌年、吉野《よしの》（奈良県吉野町）と熊野《くまの》（三重県熊野市など）で、南朝後胤の末裔と称するふたりの男が蜂起する。そして、大和《やまと》国衆越智家栄《おちいえひで》の提案により、その南朝後裔と称する者を天皇として推戴《すいたい》する計画が持ち上がった。

ふたりは畠山義就《よしひろ》らの支援を受けて北を目指し、一四七一（文明三）年に京都入りした。ところが、肝心の足利義視が心変わりし、南帝擁立に否定的になった。いつしか後胤兄弟は見放され、忘れられた。その後の行方は杳《よう》として知れない。ふたりの男の素性は定かでないが、南北朝期の後亀山《ごかめやま》帝の子小倉宮《おぐらのみや》の末裔だという説が有力である。

まとめ

西軍の都合で擁立されかけたが、首脳陣の心変わりで計画は白紙に

応仁の乱 人物データファイル 096

誉田正康《ほんだまさやす》

生没◆不詳

【所属軍】西

両親◆不詳／兄弟◆不詳／正室◆不詳

山城国一揆勃発時の現場責任者

誉田氏は、大阪府羽曳野市誉田近辺を本拠とした一族で、南北朝期に畠山氏が河内《かわち》（大阪府東部）入りすると、誉田氏もこれに従った。在京中は畠山家の奉行《ぶぎょう》を務めた後、畠山義就《よしひろ》が山城《やましろ》（京都府南部）守護となると守護代を担った。

正康もまた、**応仁の乱**では畠山義就に従い、西軍方についたと思われる。そののち、山城で義就と政長《まさなが》の争いが膠《こう》着《ちゃく》した一四八五（文明十七）年、正康は政長方の大攻勢に対し、大和《やまと》国衆の古市《ふるいち》氏を従えて対抗した。だが、数に劣っていたため越智《おち》氏に援軍を要請したものの、戦況は変わらずだった。ついには山城の国衆たちが自治を求めて決起。両軍に圧力をかけた。いわゆる山城国一揆の勃発である。これにより山城は半独立国として戦国時代を迎える。

まとめ
畠山義就の忠臣、山城国一揆の導火線として歴史に名を残す

応仁の乱 人物データファイル 097

山田宗朝《やまだそうちょう》

生没◆一四二三〜七一

【所属軍】西

両親◆不詳／兄弟◆不詳／正室◆不詳

古市氏のもとで西軍に付いた国衆

山田氏の出自は、大和国《やまと》（奈良県）春日神人《じにん》（国民）といわれている。興福寺《こうふくじ》では大乗院《だいじょういん》方であり、春日若宮の祭礼を務める大和武士六党のうちの乾脇党《いぬいわき》に属していた。いっぽう、乾脇党の刀禰《とね》（リーダー）の筒井氏は一条院《いちじょういん》方の衆徒《しゅと》（僧兵）であり、両者の関係は複雑さがうかがえる。

なかでも宗朝と関係が深かったのが、大乗院坊人《ぼうにん》の古市《ふるいち》胤栄《いんえい》であった。宗朝は、胤栄が結婚する際、新妻を迎えに行っている。ここから、山田氏は古市氏に従属していたのではないかとされている。

応仁の乱が勃発すると、宗朝は西軍として積極的に活動し、日和見《ひよりみ》に終始する胤栄を牽引した。その後の詳細は不明で、一四七一（文明三）年に四十九歳で死去している。

まとめ
古市氏や十市氏と同じく興福寺大乗院方国民で、胤栄の大先輩

応仁の乱
人物データファイル
098

遊佐長直《ゆさながなお》

生没◆?～一四九三

【所属軍】東

両親◆不詳／兄弟◆不詳／正室◆筒井順永の娘

畠山政長と生死をともにした忠臣

遊佐氏は管領《かんれい》家畠山氏累代の家臣で、各地で守護代を務めた。**応仁の乱**以前の長直の言行は記録に乏しくはっきりしないが、畠山家が持国《もちくに》の後継をめぐって二分されると、長直は政長《まさなが》方についた。いっぽう、一族の遊佐国助《ゆさくにすけ》らが義《よし》就《ひろ》方につき、両者は完全に敵対した。

一四六六（文正元）年、畠山義就が大和《やまと》（奈良県）で挙兵すると、管領となっていた畠山政長は長直に河内《かわち》（大阪府東部）防衛を任せるが、長直は義就方に惨敗している。

泥沼の戦いの後、畠山義就は京都を引き払い、長直が守る河内若江《わかえ》城（東大阪市）を襲撃する。しかし、またも長直は惨敗して逃走した。長直は、その後も政長に従うが、明応の政変によって孤立し、政長とともに自刃した。

まとめ
畠山政長から戦場の最前線を任されるが、惨敗を続けて自刃

応仁の乱
人物データファイル
099

遊佐就家《ゆさなりいえ》

生没◆不詳

【所属軍】西

両親◆不詳／兄弟◆不詳／正室◆不詳

一族の長直を撃破した義就の忠臣

畠山氏が内紛により二分されると、就家の父遊佐国助《くにすけ》は総州《そうしゅう》畠山家義就《よしひろ》にくみした。一四六〇（寛正元）年、八代将軍足利義政《よしまさ》が義就討伐を命じ、大和国《やまと》（奈良県）各地で戦闘が展開された。政長《まさなが》がこもる龍田《たつた》城（奈良県生駒郡）を義就方が攻めた際、挟撃されて国助など多数の武将を失った。おそらくこのとき、就家は国助の後継となっている。

そののち、情勢は変転して**応仁の乱**へと発展する。そして西軍劣勢の一四七七（文明九）年、義就と就家らは京都を引き払って河内《かわち》（大阪府東部）へ下向。河内若江《わかえ》城（東大阪市）、犬田《いぬた》城（枚方市）で守将の遊佐長直《ながなお》を攻撃し、これに勝利している。その後一四九〇（延徳二）年に義就が亡くなると、就家は後継の基家《もといえ》に仕えた。

まとめ
一貫して畠山義就につき、近畿一円を転戦して戦闘の勝利に貢献する

第4部 キーパーソン編

戦乱の時代を陰で支えた多種多様な室町人たち

守護大名らが東西に分かれて戦いを続けるなか、戦場を横目で見ながら戦乱を記録し続けた僧侶、武家社会の最底辺で蠢動していた足軽、そして東山文化を支えた文化人など、この時代を語るうえでのキーパーソンに注目。彼らを通して見えてくる、室町中・後期の真実の姿とは……。

傍観者たちの目に映った応仁の乱

十一年も戦乱が続いたとはいえ、基本的に戦は武士がするものであり、僧侶・公家はもちろん、芸術家や文化人、それに商人や農民も戦に参加することはなかった。もちろん、戦乱によって住む場所を追われたり、戦火のとばっちりを食って命を落とすものもいたろうが、彼らの大半は、打ち続く戦乱を「傍観」していたにすぎなかったのだ。

しかし、彼らもまた**応仁の乱**の時代を生きた同時代人であるのは間違いない。奈良の名刹《めいさつ》興福寺《こうふくじ》の別当《べっとう》・大乗院《だいじょういん》門主を務めた僧侶、経覚《きょうがく》や尋尊《じんそん》のように、彼らの目に映った**応仁の乱**の姿を『大乗院寺社雑事記《ぞうじき》』という日記に書きとどめ、当時の時代状況を知る優れた史料として残した人物もいる。また、後小松《ごこまつ》天皇の落胤《らくいん》とも言われる一休宗純《いっきゅうそうじゅん》のように、漢詩など多くの文芸作品を残しながら風狂《ふうきょう》と諧謔《かいぎゃく》の人生を送り、**応仁の乱**で荒廃した世相や幕府の政治、さらには仏教界の堕落をも批判した硬骨漢《こうこっかん》の僧侶もいた。

応仁の乱では、足軽と呼ばれる軽装備の下級武士が多く活躍した。近年、足軽の多くは京都周辺の荘園の住人だったことが明らかになっている。彼らは、時代の動乱をかぎつけて京都にやって来た無法者というイメージが強いが、実際には京都で幕政に携わる守護大名たちによって動員され、京都に流入したのだった。したがって、足軽は戦闘要員であると同時に、首都京都の行政の「末端」に連なる存在でもあったわけだ。

もちろん、この時代を象徴する存在

とはいえ、彼らのほとんどは無名の存在であり、骨皮道賢《ほねかわどうけん》のように、元は京都市中の警察的な役職（侍所の目付）についていた人物は例外中の例外だった。

東山文化の担い手たち

もうひとつ、この時代の特徴として落とせないのは、東山文化と呼ばれる文化的潮流＝流行の存在である。これは室町幕府三代将軍足利義満《よしみつ》の時代に花開いた「北山文化《きたやまぶんか》」に対置する存在として知られている。

八代将軍足利義政《よしまさ》は**応仁の乱**を招いたとされるが、彼のそば近くに仕えた同朋衆《どうぼうしゅう》と呼ばれる芸能・技能者が、東山文化を作り上げる中心的存在とされ、茶道・水墨画・作庭・連歌・立花《りっか》（生け花）などの文化がそこから花開いていった。

もちろん、こうした文化的潮流は武家だけでなく、公家の社会にも大きな影響を及ぼす。古今伝授《こきんでんじゅ》とは、古今和歌集の解釈にまつわる「秘伝」だが、この時代を代表する連歌師として知られる宗祇《そうぎ》に古今伝授を行ったのは東常縁《とうつねより》という武将であり、その宗祇から古今伝授を受けた代表的な人物が公家の三条西実隆《さんじょうにしさねたか》だった。

この「キーパーソン編」では、こうした東山文化の担い手や代表的な継承者についても触れている。一見、**応仁の乱**とはあまり関係がない人物のようにも見えるが、いつ果てるとも知れない戦いを続けながらも、こうした文化の誕生、育成に精魂を傾けた人々がいたのも、間違いなくこの時代の真実の姿なのだ。

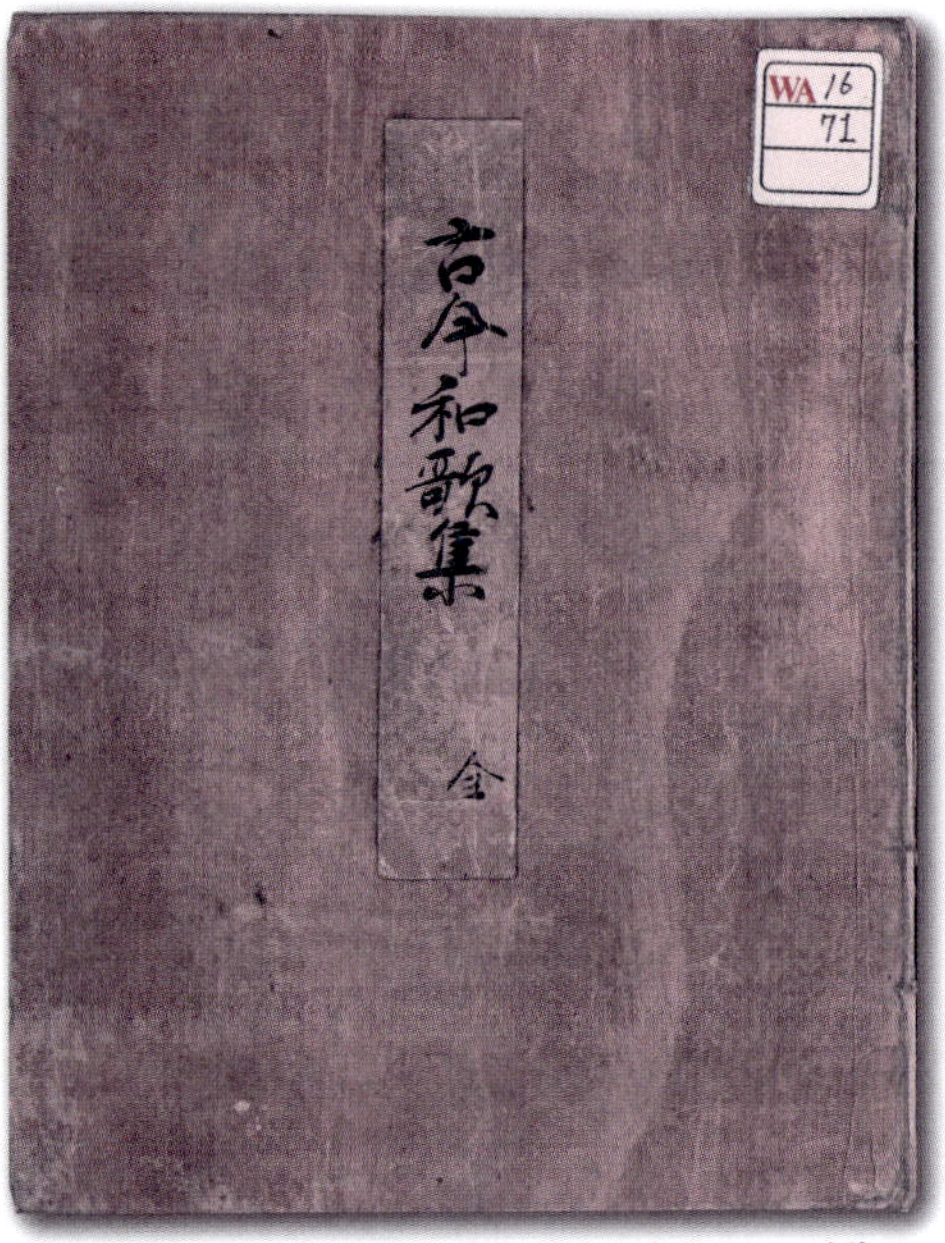

古今伝授によって貴重な「文化遺産」として近代まで伝えられた『古今和歌集』（国立国会図書館蔵）

一休宗純《いっきゅうそうじゅん》

応仁の乱によって焼失した大徳寺を再興

【所属軍】
不詳

生没◆一三九四～一四八一
両親◆後小松天皇・花山院家の女
兄弟◆不詳
正室◆不詳
宗派●臨済宗
著作●『狂雲集』（正・続）、『続狂雲集』『自戒集』『骸骨』など

詩才に優れ、飲酒・肉食や男色・女犯を行い、風狂に生きた

昔ばなしなどでも知られる「一休さん」は、幼少期の一休宗純がモチーフとなっている。頓知の名人として描かれているが、実際の宗純も詩才に優れ、十代から漢詩を著し、その出来映えが評判になるほどだったといわれている。

宗純は京都に生まれ、六歳で出家。山城《やましろ》国（京都府中・南部）の安国寺《あんこくじ》に入り、喝食《かつじき》（禅宗の寺で食事の時間などを知らせたりする役目）となり、周《しゅう》建《けん》と号した。その後は、建仁寺《けんにんじ》（京都市東山区）に移り、霊源院《れいげんいん》で作詩を学び、同寺を出て、生涯の師と仰ぐ僧侶謙翁《けんおう》宗為《そうい》（西金寺《さいこんじ》）に師事する。

しかし、謙翁が死去したことをきっかけに近江堅田《おうみかただ》祥瑞庵《しょうずいあん》の華叟宗曇《かそうそうどん》の弟子となり、ここで大徳寺《だいとくじ》派の禅を学ぶ。このころ、宗純を名乗り、師匠の華叟から一休の道号を授けられ、二十一歳のころ一休宗純と称することになった。

一四二八（正長元）年には師事していた華叟が死去、さらに、一四三三（永享五）年、後小松上皇が崩御したことを機に、破戒無慚《はかいむざん》（戒律を破る行動）を取るようになった。そのひとつが、大徳寺で派閥抗争が起こった際のこと。憤った宗純は山中に籠り断食し自殺を図った。しかしこれは後花園《ごはなぞの》天皇によって諭され、やめている。

このころから、兄弟子の養叟《ようそう》と不和となったようで、一四五五（康正元）年には、禅に対する養叟の態度を批判した詩集『自戒集』を著した。

応仁の乱が起こると、宗純は戦火を避けて東山虎丘庵《こきゅうあん》に移り、その後も畿内を転々としたとされている。

しかし、一四七三（文明五）年、後《ご》土御門《つちみかど》天皇から**応仁の乱**によって焼失

後小松天皇（雲龍院蔵）。一休は天皇の落胤（らくいん）と伝えられる

一休宗純（模写。東京大学史料編纂所蔵）

一休が住持を務めた大徳寺の仏殿（国指定重要文化財。京都市北区）

した大徳寺の再興を託され、大徳寺住《じゅう》持《じ》（寺を管理する主僧）に任じられた。堺の豪商・尾和宗臨《おわそうりん》らの協力を経て復興を成し遂げたが、数年後の一四八一（文明十三）年十一月、酬恩庵《しゅうおんあん》（京都府京田辺市）で死去した。享年八十八。

生前、宗純は自らを狂雲《きょううん》と号し、仏教で禁じられた飲酒や女犯などを行ったとされる。あえてそうした行動を取った背景には、当時の仏教界に対する警鐘という意味合いが込められていたのであろう。また、戒律や形式に囚われない生き方は同時代の僧侶たちとは一戦を画すものであり、その人間臭さが民衆の共感を呼んだと思われる。

まとめ

仏教界に対する警鐘から、破戒無慚の行動を取り、人間臭く生きた

経覚《きょうがく》

四度にわたり興福寺別当となった法相宗の僧

【所属軍】西

生没◆一三九五〜一四七三
両親◆九条経教・本願寺の娘
兄弟◆九条教嗣・満家
正室◆不詳
宗派●法相宗
著作●『経覚私要鈔』（日記）

経覚は、関白左大臣九条経教《くじょうつねのり》の子として生まれ、一四〇七（応永十四）年に十三歳で出家。兄で興福寺大乗院門跡《こうふくじだいじょういんもんぜき》（住職）である考円《こうえん》の弟子となった。

一四一〇（応永十七）年、考円の死後に大乗院門跡となり、一四二六（応永三十三）年には興福寺別当《べっとう》（寺務を統括する長官）に就き、僧正《そうじょう》（僧と尼を統括するための官職）となった。

なお、経覚は一四三一（永享三）年ほか、生涯で合計四度にわたって興福寺別当に就いている。

経覚は、六代将軍足利義教《よしのり》、畠山持《もち》国《くに》、醍醐寺三宝院門跡《だいごじさんぼういんもんぜき》の満済《まんさい》ら、幕府の有力者とも親交が深かったことから、実力者として勢力を誇った。

しかし、幕府への献金の減免を求めたことや、舞人《まいびと》（雅楽《ががく》の演者）の禄《ろく》（経費や物資）を負担せよとの義教からの命に従わなかったことから不和となり、一四三八（永享十）年、経覚は大乗院から追放され、宝寿寺《ほうじゅじ》（奈良県三郷町）に隠居。義教の命によって、尋尊《じんそん》が大乗院別当に任命された。

そして、一四四一（嘉吉元）年六月、足利義教が赤松満祐《あかまつみつすけ》らに殺害される事件が起こった。**嘉吉の乱**である。

この事件を受けて、同年十月、経覚は大和《やまと》（奈良）の国人越智《おち》氏らの軍勢を引き連れ、将軍の許可も得ないまま、行動を起こした。

当時の交通の要所だった摂津河上五《せっつかわかみご》ケ関《かせき》（淀川沿いの関所）の代官職を巡って大和の国人筒井順永《つついじゅんえい》らと対峙。経覚らが優勢に戦いを進めていたが、しだいに筒井勢の攻勢が強まった。

一四四五（文安二）年九月、戦況が不利になった経覚は鬼薗山城《きおんざん》（奈良市）に火を放ち、葛城《かつらぎ》山中の安位寺《あんいじ》（奈良県御所市）に逃れた。

そののち、経覚は一四四七（文安四）年に大和の国人である古市胤仙《ふるいちいんせん》によって強制的に迎福寺《こうふくじ》（奈良市）に入れられたが、何度か安位寺に戻ろうと画策していたといわれる。しかし、その度に胤仙に阻まれ、生涯この地を拠点に

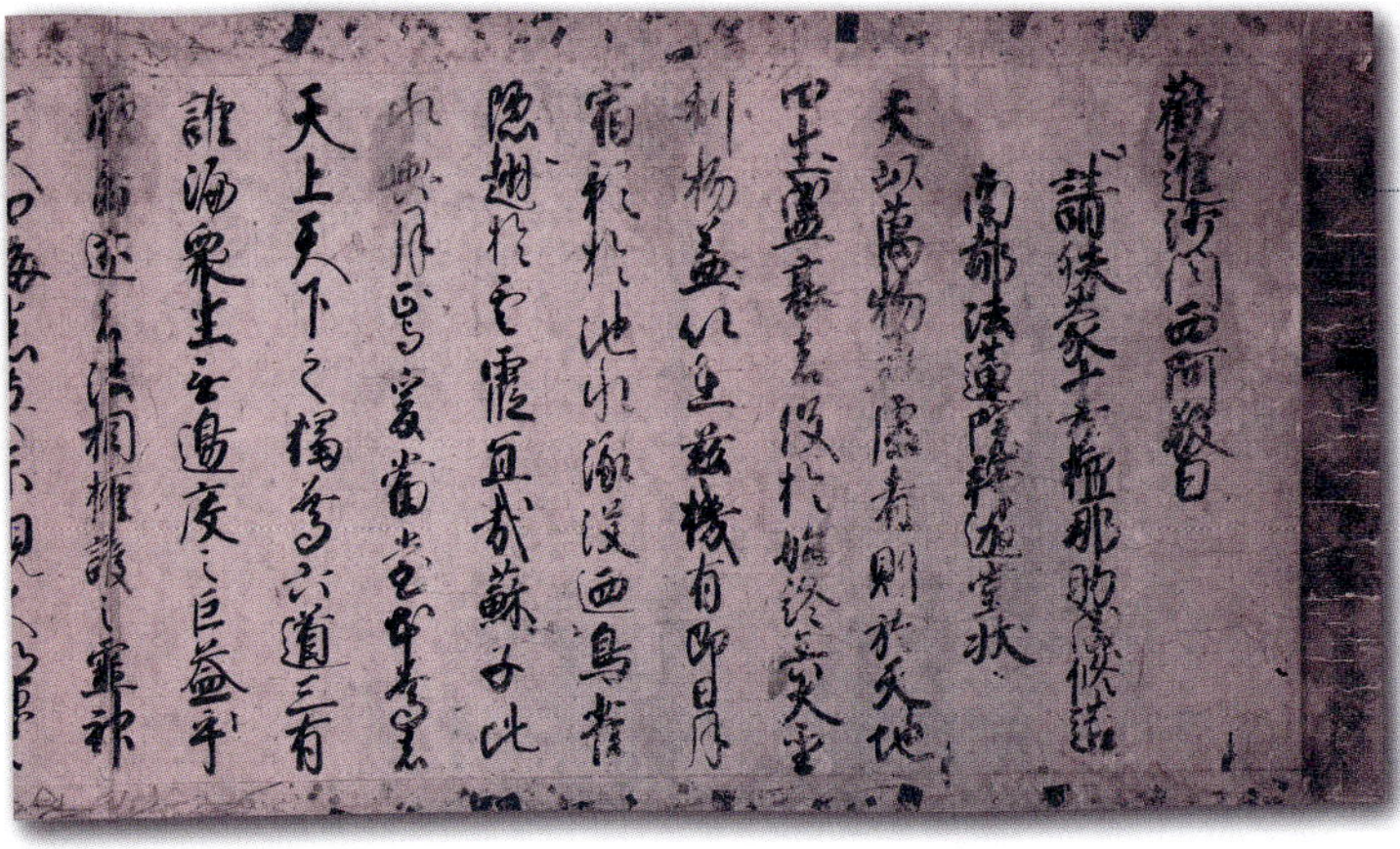

経覚写「南都法蓮院勧進帳」（国立国会図書館蔵）

経覚や尋尊（後出）が別当を務めた興福寺（奈良市）

経覚大僧正［後五大院］画像（模写。東京大学史料編纂所蔵）

暮らすこととなる。

この間、一四六一（寛正二）年に三度目となる興福寺別当に就き、さらに一四六九（応仁三）年にも、興福寺の経営が困難な状況のなか、手腕を乞われて四度目の別当への就任を承諾した。

そして一四七三（文明五）年に迎福寺で死去。享年七十九。

なお、経覚が記したとされる日記『経覚私要鈔《きょうがくしようしょう》』は、当時の興福寺内の寺務や所領、大和の動向はもとより、京都の政治情勢などが詳細に記されており、室町時代の政治・社会・経済などを知るうえで重要な基礎史料となっている。

まとめ

応永〜文明期の大和や京都の情勢などを記した「経覚私要鈔」を著した

尋尊《じんそん》

興福寺の安泰に尽力し、教学の振興に努めた学僧

【所属軍】不詳

生没◆一四三〇～一五〇八
両親◆一条兼良・中御門宣俊の娘
兄弟◆一条教房・冬良
正室◆不詳
宗派●法相宗
著作●『尋尊大僧正記』（日記）

経覚の後任となったが、武家とは距離を置いて寺を守った

尋尊は、武家の公卿である一条兼良《いちじょうかねよし》の五男として生まれ、九歳で興福寺大乗院《こうふくじだいじょういん》（奈良市）に入った。つまり、幼少で仏門に入ったということである。

その後は、一四四〇（永享十二）年に十歳で得度《とくど》・受戒《じゅかい》し、僧位は小僧都から大僧都、僧正と順調に昇進する。

さらに、一四五六（康正二）年に本山である興福寺の第百八十代別当となり、翌年に大僧正に昇進。一四六七（応仁元）年には、法務に任じられた。

大乗院は、興福寺の塔頭《たっちゅう》（寺院内の坊のひとつで、摂関家《せっかんけ》（貴族や公家の家系）の子弟が門跡《もんぜき》（住職）を務めてきた。尋尊が生まれた一条家と経覚《きょうがく》が生まれた九条家《くじょう》は、以前から興福寺別当の地位を争ってきた関係だったといわれる。

そうした経緯もあってか、尋尊と経覚の関係はあまりよくなく、尋尊は前門跡である経覚から必要な作法や知識を教えてもらえず、経覚の日記『経覚《きょうがく》私要鈔《しようしょう》』の閲覧も許されなかった。ちなみに、経覚の死後にこの書を取り寄せたとされており、尋尊の好奇心の旺盛さを表すエピソードとされている。

応仁の乱に関しては、ライバル的存在の経覚が荘園（権勢者の私有地）維持のために武士である朝倉孝景《あさくらたかかげ》と密接な関係を築いたのに対し、尋尊は武士の争いとは距離を置き、僧侶として冷静な立場を取ったとされる。

晩年は、春日社への参籠《さんろう》（こもって祈願すること）や読書三昧の日々を送り、一五〇八（永正五）年五月二日に死去。享年七十九。興福寺の安泰に尽力し、学僧として教学の振興に努めた生涯を閉じた。

なお、尋尊は自ら見聞したさまざま

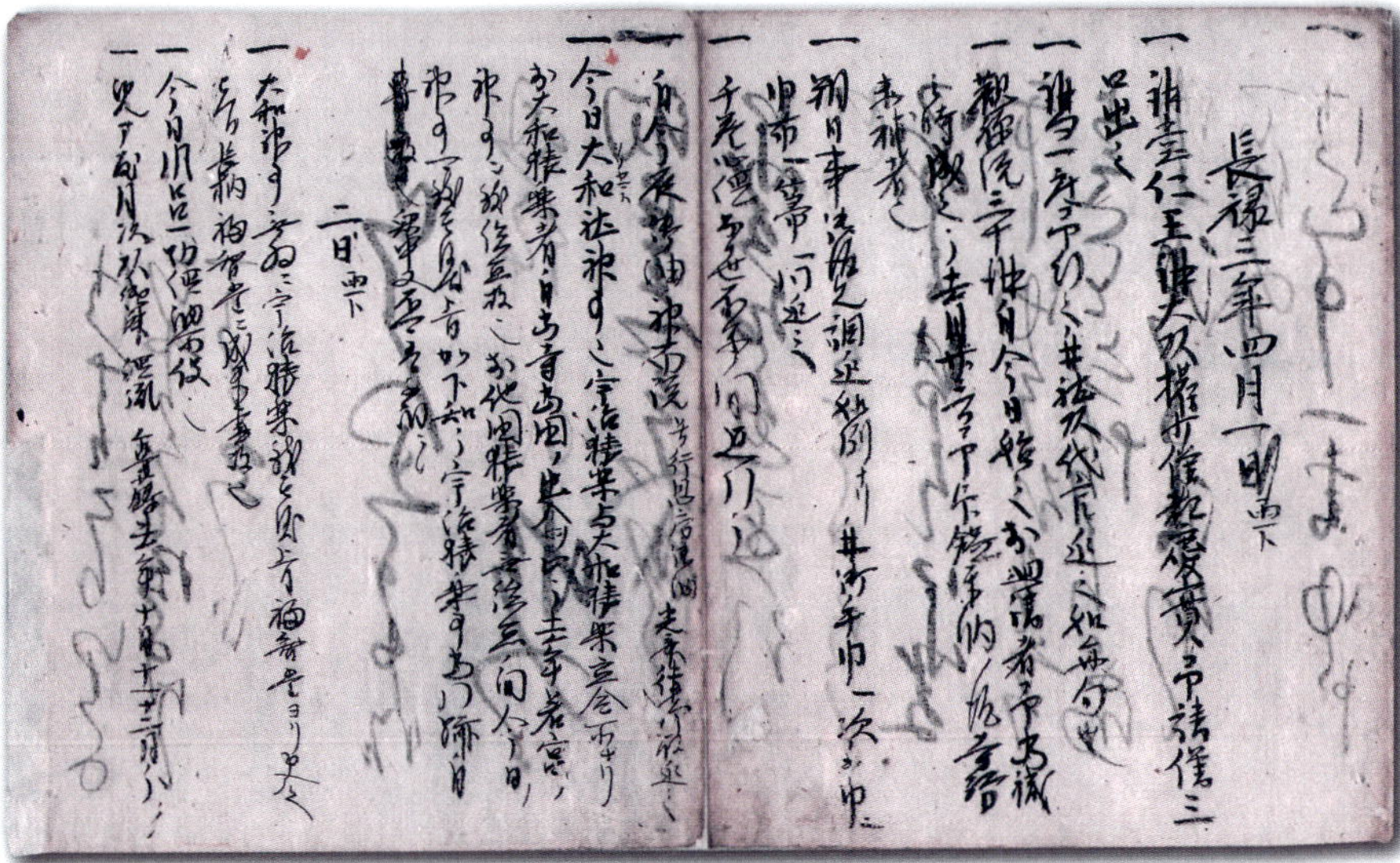

尋尊が長年記録していた日記『大乗院寺社雑事記』の長禄2年条（国立公文書館蔵）

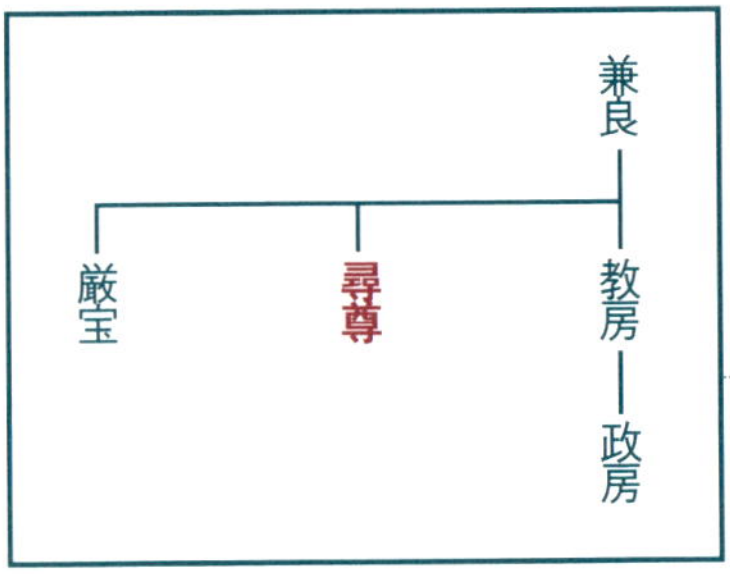

尋尊の生まれた一条家略系図

な事柄や宝徳～永正期の半世紀にわたる世相の状況を、『尋尊大僧正記《じんそんだいそうじょうき》』に書き残している。

この日記は、興福寺に関する出来事だけでなく、**応仁の乱**前後の歴史を知るための不可欠な資料である。

なお、尋尊の日記と、尋尊に続いて門跡となった政覚《しょうかく》、経尋《けいじん》の日記を総称して『大乗院寺社雑事記《ぞうじき》』という。

また、尋尊は、大乗院に所蔵されていた古い記録から重要な記事を抜き出した『大乗院日記目録』も編集しているが、これも『大乗院寺社雑事記』と同じく当時の状況を知る重要な歴史資料として扱われている。

まとめ

応仁の乱前後の世相の状況を、「尋尊大僧正記」に書き残した

雪舟等楊《せっしゅうとうよう》

水墨画を確立した、東山文化を代表する画家

【所属軍】 —

生没◆一四二〇～不詳
両親◆不詳
兄弟◆不詳
正室◆不詳
宗派●臨済宗
作品●「山水長巻」、「破墨山水図」、「秋冬山水図」、「四季山水図」、「天橋立図」ほか

大内氏の庇護で明に渡って画法を学び、独自の水墨画を確立

雪舟等楊は、一四二〇（応永二十七）年に備中《びっちゅう》（岡山県西部）で生まれた。備中細川家の家臣・小田氏の出身とされるが、定かではない。

現代では水墨画家「雪舟」として知られ、現存する作品は国宝や重要文化財にも指定されている。

一四三〇（永享二）年ごろに上洛して相国寺《しょうこくじ》に入り、修行を行う。その傍ら、画僧である周文《しゅうぶん》に師事して画を学んだ。当時は絵を描くことも修行のひとつとされていたためである。相国寺には二十年ほどにわたって留まり、知客《しか》（来客の接待や新たに入門した修行僧の世話などを行う立場）の職を務めた。

元《げん》（中国）の禅僧・楚石梵琦《そせきぼんき》の墨跡を得たことで、このころから雪舟と号すようになった。

そののち、相国寺を出た雪舟は大内家を頼って周防《すおう》（山口県東南部）に赴き、その庇護《ひご》のもと、雲谷庵《うんこくあん》という画室を営んで画家として活躍する。

雪舟が周防に赴いた理由は、明《みん》（中国）に渡って絵の修業をしたいと考えていたため。それには当時、日明貿易を一手に引き受けて、往来が盛んだった大内氏の下に身を置き、渡明の機会をうかがっていたからだと考えられている。

一四六七（応仁元）年、大内氏の遣明船に同船して寧波《ニンポー》（中国浙江省《せっこうしょう》）に上陸。それから二年にわたり、杭州や揚州などを歴訪し、北京では礼部院中堂の壁画を描いて名声を博す。

明に渡った雪舟等楊は、三年間滞在したのち、一四六九（文明元）年に周防に戻った。

その後は日本各地を放浪し、一四七六

大内政弘の命で雪舟が築庭したと伝わる常栄寺雪舟庭（山口市宮下）

雪舟等楊（『肖像』１之巻より。国立国会図書館蔵）

（文明八）年、豊後《ぶんご》（大分県）に天開図画楼《てんかいとがろう》という画廊を開く。

全国を旅しながら水墨画を描き続け、一四八一（文明十三）年には美濃《みの》（岐阜県南部）の正法寺《しょうほうじ》、翌年には出羽《でわ》（山形県、秋田県）の立石寺《りっしゃくじ》などを写生。京都を経て、一四八四（文明十六）年に山口へ帰った。

大内氏の庇護を受けて設けられた雪舟の画室・雲谷庵跡（復元。山口市天花）

一四八六（文明十八）年、山口にも新たな天開図画楼を開き、同年十二月、大内氏のために「山水長巻」（国宝）を描く。さらに一四九五（明応四）年には弟子の如水宗淵《じょすいそうえん》に「破墨山水図」（国宝）を与えている。

そのほかの主な作品に、「四季山水図」（重要文化財）、「秋冬山水図」（国宝）、「慧可断臂図《えかだんぴず》」（国宝）、「天橋立図」（国宝）、「四季花鳥図屏風」（重要文化財）などがある。

雪舟は、自然に対する写実的な表現を特色とする個性的な山水画様式を確立し、狩野派をはじめ、後世の画壇に多大な影響を与えたといえる。

まとめ

個性的な山水画様式を確立し、後世の画壇に多大な影響を与えた

骨皮道賢《ほねかわどうけん》

足軽大将として西軍の補給路を断つ作戦を指揮

【所属軍】東

生没◆不詳～一四六八
両親◆不詳
兄弟◆不詳
正室◆不詳
在職❖不詳
官職❖不詳

応仁の乱において、従来の戦法とは異なる新たな戦力として活躍したのが足軽《あしがる》（歩兵）である。戦いの膠着《こうちゃく》状態が続くなか、それを打開するための手段として用いられた。

足軽は、鎧《よろい》や甲冑《かっちゅう》などを身に着けず、軽装で戦いに臨み、主に後方攪乱《かくらん》や運搬、土木作業なども行った。また、足軽は傭兵《ようへい》的な性格が強く、近年、その多くは京都周辺の荘園の住人だったことが明らかになっている。

なお、足軽のような兵力は平安時代から存在したが、活躍が顕著になったのが、**応仁の乱**のころからである。

一四六八（応仁二）年三月、東軍は西軍の兵力・兵粮《ひょうろう》（食料）の補給を断つ作戦を行った。この作戦には足軽が動員されたが、これを指揮した足軽大将が骨皮道賢である。

道賢は、京極家の家臣だった多賀高《たがたか》忠《ただ》の配下で、盗賊などの追捕《ついぶ》（捕縛）を行う目付であった。この当時は、京極持清《もちきよ》が侍所《さむらいどころ》所司《しょし》（軍事・警備担当の役職）であったが、実務を取り仕切っていたのは多賀高忠だった。道賢は、盗賊の動向に詳しく、京都やその周辺に多くの手下を抱えていたことから、高忠によって目付に抜擢されたという。

応仁の乱では、京極家は細川勝元《かつもと》が率いる東軍に属していたため、道賢も東軍に味方することとなった。

一四六八（応仁二）年三月十五日、勝元が西軍の食料補給路を断つように命じると、道賢は伏見稲荷《ふしみいなり》社（京都市伏見区）を拠点に三百人ほどの足軽を集め、足軽大将として西軍の補給路を断つことに成功した。さらに道賢らは下京に侵攻し、兵粮の多くを奪って帰還したといわれている。

この事態に対し、西軍は三月二十一日に山名宗全《やまなそうぜん》、畠山義就《よしひろ》、斯波義廉《しばよしかど》、大内政弘《まさひろ》らの軍勢を差し向けて、伏見稲荷社を包囲した。

その目的は道賢に協力した伏見稲荷稲荷社の神官（神に仕える役人）たちを成敗するためであったが、伏見稲荷

現在の伏見稲荷大社の楼門（京都市伏見区）。1468（応仁2）年3月に道賢はこの神社背後の神体山である稲荷山（標高233メートル）内に陣を布いたが、山名方（西軍）に討ち取られたという

室町時代の足軽

応仁の乱において活躍した足軽の多くは、山城（京都府南部）や大和（奈良県）の荘園から徴発された一般農民である。当時の足軽は兜すら着けない露頂《ろちょう》で、剣のみを携えて戦うのが一般的であった。

彼らの存在を好ましく思わない向きもあり、一条兼良《かねよし》は政道書『樵談《しょうだん》治要《ちよう》』の中で、足軽は「超過した悪党」であるので、長期の任用を停止すべきであると記している。

戦国時代には、戦国大名が足軽を積極的に活用。弓足軽、鉄砲足軽などが合戦に不可欠な戦力となる。

『雑兵物語』上巻より。（国立国会図書館蔵）

社にいた道賢が女装をして輿《こし》（人を乗せて運ぶ乗り物）に乗って逃げ出そうとしたところ、畠山義就の家臣に見つかり討ち取られてしまった。

なお、この争乱では、伏見稲荷社の神官たちの住居にも火が放たれ、文殊《もんじゅ》堂《どう》・御影堂《みえいどう》などが焼け落ちた。

その後も東軍は、足軽たちを利用し、六月八日には山名宗全邸を焼いている。勝元はその働きを称賛し、足軽たちに恩賞を与えたという。

一風変わった名字の由来は、「皮革を扱う仕事をしていた」「外見が痩せていて骨と皮のようだった」などといった説があるが真偽は定かではない。

まとめ

合戦の新たな戦力として、応仁の乱ごろから足軽の活躍が顕著になる

村田珠光《むらたじゅこう》

和漢を融合させた「わび茶」を考案

【所属軍】
―

生没◆一四二三～一五〇二

両親◆村田杢市・生母不詳
兄弟◆不詳
正室◆不詳

宗派●臨済宗

生涯僧籍にあったが、「わび茶」の創始者として伝説化された

村田珠光は検校《けんぎょう》（寺社の事務を総括する職）の村田杢市《もくいち》の子で、十一歳のときに称名寺《しょうみょうじ》（奈良市）の徒弟となる。しかし、仏道の修行に身が入らず、一四四二（嘉吉二）年に寺から追放されて京都に上る。

そののち、一休宗純《いっきゅうそうじゅん》と出会い、その指導の下で禅の修行を行った。その結果、悟境《ごきょう》（内面的な悟り）の向上のしるしとして、一休から圜悟克勤《えんごこくごん》の墨跡を与えられている。

四十歳ごろには、当時、京都や奈良で町衆の間に流行し始めていた喫茶《きっさ》（禅の思想と深く結びついた茶のスタイル）に興味を持ち、中国の茶儀にも関心を抱いて、八代将軍足利義政《よしまさ》に仕えていた能阿弥《のうあみ》から方式や道具の目利きなどについて指導を受ける。

そののち、能阿弥の引き立てによって、義政の知遇《ちぐう》（能力などを認められること）を得、のちに義政の茶の湯の師範となる。

珠光はやがて、点前《てまえ》（茶の作法）など、すべてが略儀である庶民の茶の作法と、貴族的な書院台子《だいす》の茶の作法を、自らが体得した禅の精神によって統合した新しい茶会のあり方を作り出した。

これは、江戸時代になってから「わび茶」という言葉で呼ばれるようになった茶の湯の様式である。

その特徴として、①茶室を四畳半とし、座敷飾りを簡素化したこと、②わびた中国陶磁器などの道具を用いること、③唐様の趣味を和様の趣味で中和したこと、④禅僧の墨跡を茶室の床の間に掛け、茶禅の融合を図ったことなどが挙げられる。

珠光の思想は、一番弟子の古市播磨《ふるいちはりま》

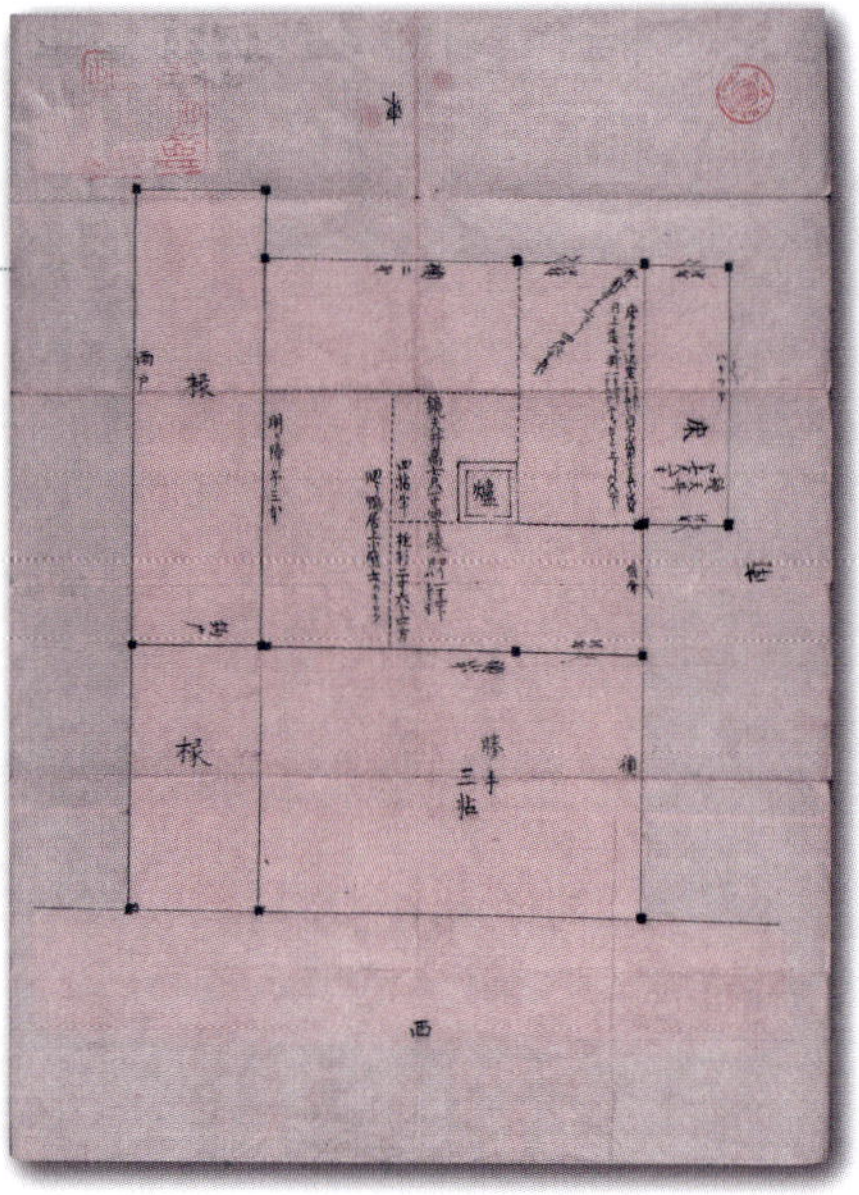

珠光好みの囲炉裏があった東大寺地蔵院の平面図（『十八圍之圖外ニ大阪九昌院圍之圖一枚』より。国立国会図書館蔵）

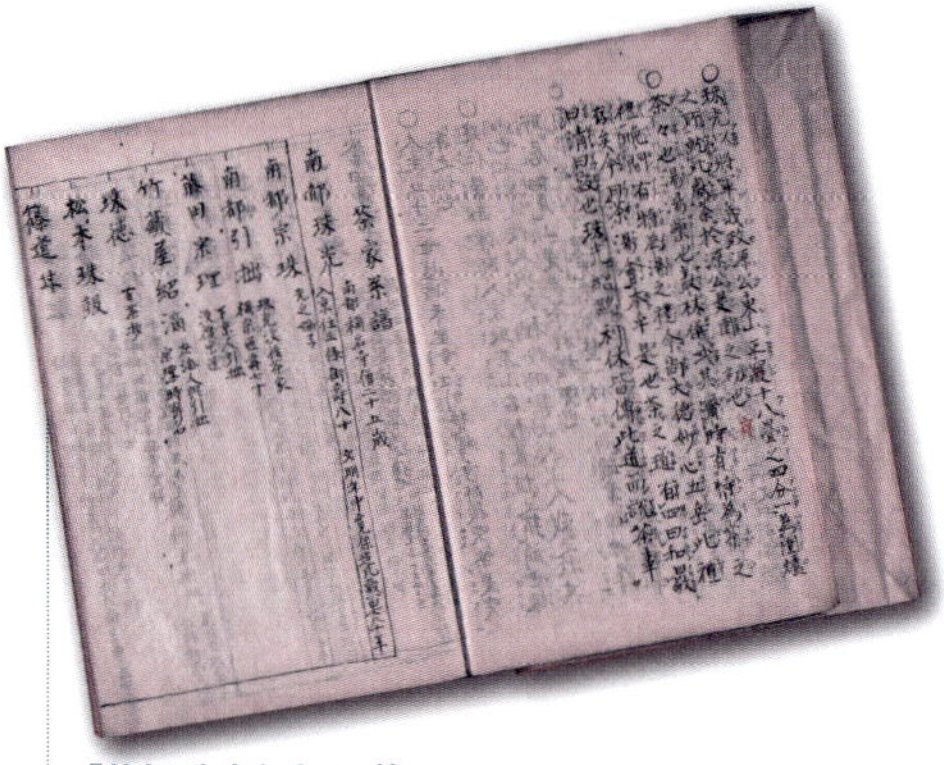

『茶祖珠光伝』に載る珠光から始まる侘び茶の伝系を記した「茶家系譜」（国立国会図書館蔵）。系譜には千利休・織田信長・豊臣秀吉の名も登場する

村田珠光（『肖像集』より。国立国会図書館蔵）

に与えた「心《こころ》の文《ふみ》」という書簡の中で、「此の道の一大事は、和漢のさかひをまぎらわすこと」（茶の湯の道で大切なのは、和と漢を融和させること）と説いた言葉によく表されているといえよう。

こうした思想が現在の茶道にも引き継がれていることから、珠光は「わび茶の祖」であると称されている。

以後の茶の湯は、弟子の村田宗珠《そうしゅ》、武野紹鴎《たけのじょうおう》らによって継承され、安土桃山時代に千利休《せんのりきゅう》によって完成される。

珠光は、義政の茶の湯の師範として重んじられ、京を中心として茶の湯の伝導に努める生涯を送り、一五〇二（文亀二）年に京都で死去した。享年八十。

まとめ

珠光のわび茶は、以後、弟子たちが発展させ千利休が完成させる

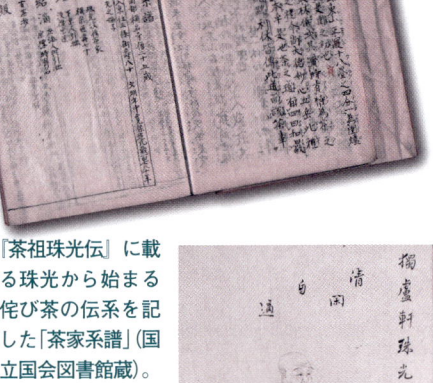

一条兼良《いちじょうかねよし》

【所属軍】一

生没◆一四〇二〜一四八一

両親◆一条経嗣・東坊城秀長の娘／兄弟◆一条経輔など／正室◆不詳

官職❖従一位、摂政、関白・太政大臣
著作❖『公事根源』、『文明一統記』、『樵談治要』、『小夜寝覚』ほか

多様な学識に通じた「五百年以来の才人」

一条兼良は、一条経嗣《つねつぐ》の子として生まれる。一四一二（応永十九）年に病弱だった兄経輔《つねすけ》隠居の後を受けて元服し、家督を継ぐ。一四三二（永享四）年四月に摂政となるが、同年十月に辞任させられる。一四四七（文安四）年に関白となった。

一四六七（応仁元）年に再び関白となるが、**応仁の乱**が起こったため、翌年、五男で興福寺大乗院《こうふくじだいじょういん》の尋尊《じんそん》のもとに疎開。一四七〇（文明二）年に関白を辞して、一四七三（文明五）年に美濃《みの》（岐阜県南部）に下向する。

一四七七（文明九）年、**応仁の乱**が終結すると京都に戻り、九代将軍足利義尚《よしひさ》と母の日野富子の庇護《ひご》を受けた。

そののち、学識を活かして講義や著述などを行ったが、一四八一（文明十三）年四月、講義中に病で倒れて死去。享年八十。

兼良は、有職故実《ゆうそくこじつ》（武家をはじめ、朝廷や公家の行事や制度、習慣、儀式など）や古典の評釈、和歌、連歌、仏教、儒学など、多様な学識に通じていたことで知られる。「五百年以来の才人」と呼ばれ、数多くの書を著した。

代表的な著作に、宮中での年中行事の内容や沿革などについて記した有職故実書の『公事根源《くじこんげん》』、将軍義尚のために将軍としての徳目を説いた『文明一統記《ぶんめいいっとうき》』や政治の専要《せんよう》を説いた『樵談治要《しょうだんちよう》』、日野富子のために書いた『小夜寝覚《さよのねざめ》』、子の冬良《ふゆよし》のために一条家当主として熟知すべき事項を記した『桃華蘂葉《とうかずいよう》』、源氏物語の注釈書である『花鳥余情《かちょうよぜい》』、歌学入門書の『歌林良材集《かりんりょうざいしゅう》』、美濃に下向した際の紀行文『藤河の記《ふじかわのき》』などがある。

これらの著作は、学問や古典を身近なものとし、当時の人々の啓蒙に大きく貢献した。

まとめ

数多くの著作によって、当時の人々の啓蒙に大きく貢献した

一条教房《いちじょうのりふさ》

戦国大名・土佐一条家の祖となる

【所属軍】 ―

生没◆一四二三～一四八〇
両親◆一条兼良・小林寺殿（中御門宣俊の娘）／兄弟◆尋尊・一条冬良など／正室◆宣司殿（冷泉為之の娘）
在職❖不詳
官職❖従一位、関白

戦国大名・土佐一条家の祖となる一条教房は、兼良《かねよし》の嫡男として生まれ、一四三九（永享十一）年、従三位権中納言となる。

そののち、一四五七（長禄元）年に左大臣、翌一四五八（長禄二）年には関白《かんぱく》・氏長者《うじのちょうじゃ》となり、一四六三（寛正四）年に辞任した。

応仁の乱の際、戦火を避けて弟で興《こう》福寺《ふくじ》大乗院門跡《だいじょういんもんぜき》の尋尊《じんそん》のもとに疎開する。そののち、父の兼良も逃れてきたため、避難所を父に譲り、自らは一四六八（応仁二）年八月に家領の土佐《とさ》幡《は》多荘《たのしょう》（高知県四万十市）に下向した。

下向後は家領の回復に努め、有力国人である加久見《かくみ》氏などに官職を与えるなどして従属させ、支配を完成させていった。

以後、生活の基盤を確保した教房は、父兼良の下向を誘ったり、父が京都に戻った後、邸宅を作るための木材を土佐から送ったりしている。

なお、長男の政房《まさふさ》は、一四六九（文明元）年、下向先である家領の摂津福《せっつふく》原《はら》荘（神戸市兵庫区）で、赤松・山名両軍の戦禍に遭って殺害された。そのため、一四七〇（文明二）年に弟の冬《ふゆ》良《よし》を養嗣子として家督を継がせた。

また、一四七五（文明七）年には、加久見宗孝《かくみむねたか》の娘である中納言局《ちゅうなごんのつぼね》との間に、次男の房家《ふさいえ》が生まれている。

教房は、一四八〇（文明十二）年に土佐《とさ》（高知県）の地で病気のため死去。享年五十八。その死を悼み、国人十人余が仏門に入ったという。

教房の死後も、次男房家は京都に戻らず幡多荘の在地領主となり、土佐一条氏の最盛期を築き上げた。房家の後、土佐一条家は土佐国司として七代目の政親《まさちか》の代まで続いていくが、長宗我部《ちょうそかべ》氏に追放され、滅ぶこととなる。

まとめ

家領の土佐幡多荘で有力国人らを従属させ、直務支配を完成させた

杉原宗伊《すぎはらそうい》

【所属軍】一

生没◆一四一八～八五
両親◆杉原満盛（義父）・生母不詳
兄弟◆杉原長恒
正室◆不詳
宗派❖不詳
著作❖「何路百韻」（湯山両吟）、『諸家月次連歌抄』（句集）ほか

義政の近習を務め、和漢の文才を発揮

杉原宗伊（俗名は賢盛《かたもり》）は、すぐれた連歌師として知られる。

養父の伊賀《いが》（三重県西部）守杉原満盛《みつもり》も連歌師であり、当時の名だたる連歌会に出席している。また、弟の長恒も、『新撰菟玖波集《しんせんつくばしゅう》』に入集《にゅっしゅう》（歌集や句集などに作品が選ばれる）している。

賢盛は、八代将軍足利義政《よしまさ》の近習《きんじゅう》（主君の側近くに仕える者）を務め、連歌の会などで和漢の文才を発揮した。

一四五一（宝徳三）年の『三代集作者百韻《さんだいしゅうさくしゃひゃくいん》』『以呂波百韻《いろはひゃくいん》』には、作家として賢盛の名が見られる。また、翌年に宗砌《そうぜい》らが興行した「宝徳千句《ほうとくせんく》」では、第三の発句を詠んだ。

能阿弥《のうあみ》が一四七一（文明三）年に死去すると、その跡を継いで宗伊が連歌宗匠となる。一四七六（文明八）年、義政の供をして参内した際には、天皇の発句に脇句（発句の五・七・五に続く七・七）を付けた。そののち、一四八〇（文明十二）年ごろに出家し、伊賀入道宗伊を称した。

同じ連歌作者でもある宗祇《そうぎ》が、優れた連歌の先賢として選んだ「連歌七賢」の一人に宗伊の名を連ねている。

宗伊は、連歌のほか和歌にも優れており、一四八四（文明十六）年の将軍義尚《よしひさ》の撰集『和歌打聞集《わかうちぎきしゅう》』では、武家から唯一の撰衆に命じられている。また、小笠原流弓馬《きゅうば》の達人でもあり、一休《いっきゅう》宗純《そうじゅん》に参禅もしている。

晩年は義政の不興をこうむるなど、不遇であった。一四八五（文明十七）年十一月に死去。享年六十八。

代表作に、一四八二（文明十四）年に宗祇と両吟した「何路百韻《なにみちひゃくいん》」（湯山両吟《が》）がある。句集に『諸家月次連歌抄《しょかつきなみれんがしょう》』があり、宗祇編の連歌集『竹林抄《ちくりんしょう》』、連歌撰集『新撰菟玖波集《しんせんつくばしゅう》』にも多く歌が取られている。

まとめ

「連歌七賢」の一人に名を連ね、和歌にも優れた才能を発揮した

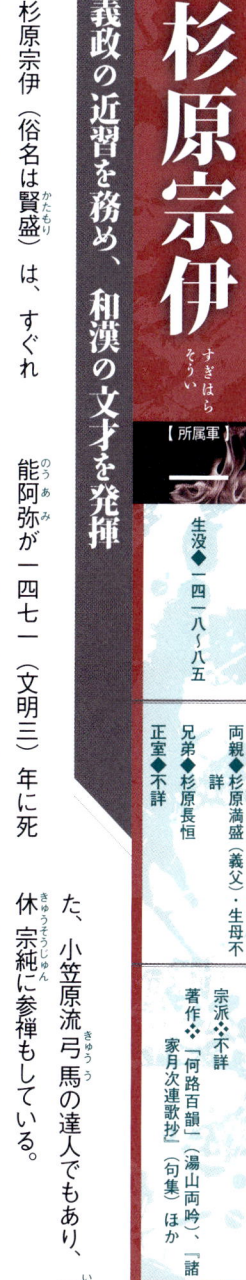

宗祇《そうぎ》

幅広い知識を有し、将軍の師も務めた連歌師

【所属軍】 —

生没◆一四二一～一五〇二

両親◆不詳
兄弟◆不詳
正室◆不詳

宗派❖臨済宗
著作❖『長六文』『吾妻問答』、『白河紀行』など

連歌師として各地を旅し大名らと交わり、依頼で連歌集も撰ぶ

宗祇の前半生については、臨済宗相《しょう》国寺《こくじ》で修行していたことがわかっているが、その他は出身などを含めて定かではない。三十歳を過ぎてから連歌を志し、高山宗砌《たかやまそうぜい》に師事。そののち、心《しん》敬《けい》、専順《せんじゅん》に連歌を学んだ。

一四六六（文正元）年に関東へ下り、**応仁の乱**中は主に関東にあって、『長六《ちょうろく》文《ぶみ》』『吾妻問答《あづまもんどう》』などの連歌論を書いた。また、白河《しらかわ》（福島県）を訪れ『白河紀《しらかわき》行《こう》』を著すなど、積極的に活動した。

そのいっぽうで、一条兼良《かねよし》に古典を、飛鳥井雅親《あすかいまさちか》、東常縁《とうつねより》に和歌を、有職故《ゆうそくこ》実《じつ》（武家をはじめ、朝廷や公家の行事や制度、習慣、儀式など）を三条西実《さんじょうにしさね》隆《たか》に学んだ宗祇は、幅広い分野に造詣が深い知識人として、公卿や武将たちとの親交も深かった。

宗祇は、一四七二（文明四）年に帰京し種玉庵《しゅぎょくあん》を建て、在京中の拠点として活動。公卿らに『源氏物語』などの古典を講釈したり、連歌の先達七人の作品をまとめた『竹林抄《ちくりんしょう》』を編纂したりして過ごす。

一四七六（文明八）年正月には幕府の連歌会始めに呼ばれ、以後、九代将軍足利義尚《よしひさ》の連歌の師となった。また、『新撰菟玖波集《しんせんつくばしゅう》』を編纂し、天皇に奉覧している。

一五〇〇（明応九）年に越後《えちご》（新潟県）へ下向。さらに、駿河《するが》（静岡県中部・北東部）に向かう途中、箱根湯本《はこねゆもと》（神奈川県足柄下郡）の旅宿で死去した。

まとめ

幅広い分野に造詣が深い知識人として活動し、連歌文学を高めた

応仁の乱 人物データファイル 110

宗砌《そうぜい》

生没◆不詳〜一四五五

【所属軍】 一

両親◆高山頼栄・生母不詳／兄弟◆不詳／正室◆不詳

北野連歌会奉行、宗匠を兼務

宗砌は、俗名を高山民部少輔時重《たかやまみんぶのしょうときしげ》といい、但馬《たじま》（兵庫県北部）守護の山名氏の家臣である。

連歌を梵灯庵《ぼんとうあん》、和歌を正徹《しょうてつ》に学ぶ。一四三三（永享五）年に北野社万句に参加し、一四四八（文安五）年には北野連歌会奉行、宗匠となる。なお、両方の職を兼ねたのは、宗砌が初であった。宗砌がその地位を得た背景には、主君である山名宗全《そうぜん》の推挙があったものと考えられている。

以後、宗砌は連歌会の第一人者として、一条兼良《かねよし》とともに連歌式目の改訂に取り組むなど、指導的役割を果たす。

しかし、一四五四（享徳三）年、宗全が政変によって但馬に隠棲することになると、宗砌も職を辞して但馬に下る。翌一四五五（享徳四）年に同地で死去した。

まとめ　連歌界の第一人者として、指導的役割を果たす

応仁の乱 人物データファイル 111

智蘊《ちうん》

生没◆不詳〜一四四八

【所属軍】 一

両親◆蜷川親俊・生母不詳／兄弟◆不詳／正室◆不詳

宗祇が選んだ連歌七賢の一人

智蘊は、俗名を蜷川新右衛門親当《になかわしんえもんちかまさ》といい、六代将軍足利義教《よしのり》の政所公役《まんどころくやく》を務めた。義教の死後、出家して智蘊と号した。

連歌の師は定かではないが、和歌は正徹《しょうてつ》に学んだ。正徹の歌論『正徹物語《しょうてつものがたり》』の下巻は、智蘊の聞き書きであるといわれている。一四三三（永享五）年の「北野社一日一万句連歌」を初め、数多くの連歌会に参加し、宗砌《そうぜい》とともに連歌中興の祖となった。宗祇《そうぎ》が選んだ連歌七賢にも、宗砌らとともに名を連ねている。連歌集に『親当句集』があり、『新撰菟玖波集《しんせんつくばしゅう》』に入集している。

なお智蘊は、アニメ「一休さん」に登場するキャラクター蜷川新右衛門のモデルとしても知られている。

まとめ　同じく連歌七賢の宗砌とともに連歌中興の祖となった

応仁の乱
人物データファイル
112

東常縁《とうつねより》

生没◆不詳～一四八四ごろ

古今伝授を創始した武家歌人

【所属軍】不詳

両親◆東益之・藤原氏／兄弟◆東氏数など／正室◆不詳

東氏は、下総守護千葉常胤《つねたね》の六男胤頼《たねより》が下総国（千葉県）香取郡東荘《とうのしょう》を拝領したのが始まりで、胤頼の子胤重《たねしげ》以来、代々武家歌人として知られてきた。常縁も一四五〇（宝徳二）年、細川尭孝《ぎょうこう》に入門して二条派の和歌を学び、正徹《しょうてつ》にも師事した。

一四五五（康正元）年に関東で騒乱が起こると幕命によって関東に下向し、各地を転戦。そののち、上洛して歌書の書写などに励む。**応仁の乱**で美濃《みの》（岐阜県南部）守護の斎藤妙椿《みょうちん》に領地を攻略されたときは、歌人仲間であった妙椿に領地返還を懇願する歌を送った。一四七一（文明三）年、常縁のもとを訪れた宗祇《そうぎ》の求めに応じて『古今和歌集』の講釈を行い、これが古今伝授《こきんでんじゅ》の始まりとなった。

まとめ
武家歌人の家に生まれ、古今伝授の創始者となった

応仁の乱
人物データファイル
113

御厨子某《みずしぼう》

生没◆不詳

西軍に参加し、足軽大将として活躍

【所属軍】西

両親◆不詳／兄弟◆不詳／正室◆不詳

応仁の乱は、足軽の活躍が顕著になった合戦であり、東軍に参加して戦った骨皮道賢《ほねかわどうけん》が有名である。足軽を雇い入れたのは西軍も同様で、その中で道賢と並ぶ活躍で名を上げたのが御厨子某である。山城宇治郡御厨子郷の地侍出身だと推定されているが、詳細はわかっていない。

東福寺門前の住人であったが、**応仁の乱**が起こると西軍に身を投じ、畠山義就《よしひろ》の被官となった。

御厨子は足軽大将として、足軽たちを集めてゲリラ戦を展開し、東軍を苦しめた。

応仁の乱を境に、騎馬の個人戦闘から足軽の集団戦へと戦闘方法が変化し、以後、足軽による長槍、鉄砲隊へと発展していくこととなる。

まとめ
足軽たちを集めてゲリラ戦を展開し、東軍を苦しめた

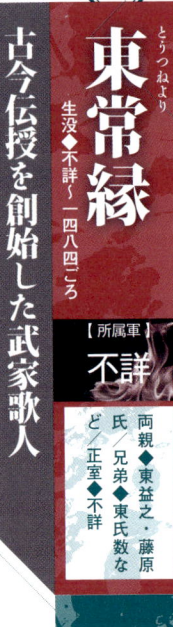

応仁の乱
人物データファイル
114

姉小路基綱《あねがこうじもとつな》

生没◆一四四一～一五〇四

【所属軍】

両親◆姉小路昌家・生母不詳／兄弟◆不詳／正室◆不詳

公家屈指の歌人として旺盛に活動

飛騨《ひだ》（岐阜県北部）に勢力を有する古川姉小路家の出身で、官職の正三位参議昌家《まさいえ》の子として生まれた。

基綱は和歌の才能に優れ、宮中の歌会にも参加。公家屈指の歌人として、八代将軍足利義政《よしまさ》に重用された。

一四六五（寛正六）年に勅撰集が企画されたときは、二十代の若さで和歌所寄人《わかどころよりゅうど》となる。しかし、**応仁の乱**が起こったため、撰集は実現しなかった。

一四八三（文明十五）年には、九代将軍足利義尚《よしひさ》の和歌打聞《うちぎき》で、公家方手伝衆を務めるなど、歌壇の中心的存在となる。一四九五（明応四）年には、『新撰菟玖波集《しんせんつくばしゅう》』を清書するなど能書としても知られる。一五〇四（永正元）年に権中納言となるが、同年死去。享年六十四。

まとめ

優れた和歌の才能を活かして、歌壇の中心的存在となる

応仁の乱
人物データファイル
115

池坊専慶《いけのぼうせんけい》

生没◆不詳

【所属軍】

両親◆不詳／兄弟◆不詳／正室◆不詳

池坊華道の祖となった立花の名手

池坊専慶は、京都頂法寺六角堂の僧で、立花《りっか》の名手として聞こえていた。

一四六二（寛正三）年二月、武将の佐々木高秀《たかひで》が専慶を招いて金瓶に数十枚の草花を挿させたところ、洛中の好事家が競って見物したという。

また、同じ年の十月には、高秀の亡き祖父を供養する施食会で専慶が菊を折って花瓶に挿したのを見て、皆が感心したとの記録がある。

当時は、立阿弥《りゅうあみ》・文阿弥《もんあみ》などの同朋衆が立花の名手として知られていたが、専慶は仏前に供える供花《くげ》から鑑賞に堪える立花への新たな第一歩を踏み出し、池坊華道の元祖となったのである。

まとめ

供花から鑑賞に堪える立花への新たな第一歩を踏み出した

応仁の乱 人物データファイル 116

西忍《さいにん》（楠葉西忍《くすばさいにん》）

生没◆一三九五～一四八六

【所属軍】—

両親◆ヒジリ・河内楠葉の娘／兄弟◆不詳／正室◆不詳

大乗院付属の商人として活動

西忍は、天竺（インドほか諸説あり）から渡来したヒジリと河内楠葉《くすば》の娘との間に生まれる。父は足利義満《よしみつ》に召し抱えられたが、そののち、義持《よしもち》の怒りを買い、西忍と父は一色家《いっしき》に預けられる。父の死後、西忍は大和の立野に移って経覚《きょうがく》のもとで出家。立野衆として大乗院《だいじょういん》と関係を結び、坊官として奉公する。また、大乗院付属の商人として、一四三二（永享四）年、一四五三（享徳二）年の二度、遣明船に乗って入明した。二度目のときは多武峰《とうのみね》、長谷寺共同船の外官となり、北京にまで赴いて貿易に当たった。

西忍の渡航体験は、尋尊《じんそん》の『唐船日記』『大乗院寺社雑《ぞう》事記《じき》』に詳しく記録されており、日明関係を知る貴重な史料となっている。

まとめ 立野衆として大乗院と関係を結び、日明貿易に携わった

応仁の乱 人物データファイル 117

太極《たいきょく》（雲泉太極《うんせんたいきょく》）

生没◆一四二一～不詳

【所属軍】—

両親◆不詳／兄弟◆不詳／正室◆不詳

応仁の乱当時の世情を日記に記録

太極は臨済宗の僧で、近江鞍智《くらとも》氏の出身。別号を雲泉《うんせん》という。夢窓《むそう》派の夙仲澄遵《じょちゅうちょうじゅん》に師事した後、隆中《りゅうちゅう》の法を継ぎ、聖一《しょういち》派となる。太極は住持にはならず、東福寺《とうふくじ》内に霊隠《りんにん》軒《けん》、霊雲庵《れいうんあん》を構えて住んだ。

太極は、『碧山日録《へきざんにちろく》』という日記を残したことで知られている。霊隠軒にあった太極の書斎「碧山佳処《かしょ》」にちなんで名付けられたといわれる。

なお、この日記は一四五九（長禄三）年から一四六八（応仁二）年までの出来事を断続的に記したもので、僧侶の仕事や生活のほか、**応仁の乱**当時の世情、足軽の活躍などについても豊富に記されている。

著作に詩文集の『押韻集』がある。

まとめ 『碧山日録』には、足軽の活躍なども豊富に記されている

応仁の乱 人物データファイル 118

徳大寺公有《とくだいじきんあり》

生没◆一四二二〜八六

【所属軍】一

両親◆徳大寺実盛・持明院基親の娘／兄弟◆不詳／正室◆不詳

三代の天皇に仕えた徳大寺家当主

徳大寺公有は、藤原氏北家閑院流《ほっけかんいんりゅう》徳大寺家の十二代当主として、称光《しょうこう》天皇、後花園《ごはなぞの》天皇、後土御門《ごつちみかど》天皇の三代の天皇に仕えた。

一四三七（永享九）年に参議となり、公卿に名を連ねる。そののち、一四四六（文安三）年に権大納言に就任し、以後、内大臣、右大臣、一四四六（文正元）年には、従一位となる。一四七二（文明四）年には引退し出家した。一四八六（文明十八）年死去。享年六十五。

なお、足利義尚《よしひさ》は、父義政が寵愛する公有の娘（洛中一の美女と評判）をめぐって対立。それを知った義政の正室日野富子は激怒したという。この騒動が将軍職にあった義政の突然の隠居表明の一因になったともいわれている。

まとめ

足利義政・義尚父子が、公有の娘をめぐって対立した

応仁の乱 人物データファイル 119

山科言国《やましなときくに》

生没◆一四五二〜一五〇三

【所属軍】一

両親◆山科保宗・生母不詳／兄弟◆不詳／正室◆高倉永継の娘

顕言の養子となり山科本家を継ぐ

山科言国は、山科家庶流の保宗の子として生まれたが、子がなかった顕言《あきとき》の養子となって、一四六二（寛正三）年に本家を継いだ。

同年に内蔵頭《くらのかみ》に任ぜられ、一四八四（文明十六）年従三位、翌年参議、一四九二（明応元）年に権中納言、一五〇一（文亀元）年には従二位となる。

一五〇三（文亀三）年二月に死去。享年五十二。

日記の『言国卿記』は、一四七四（文明六）年から一五〇二（文亀二）年までの記録があり、**応仁の乱**期の京都や幕府の動向、家領山科七郷の内情、当時の文化・芸能、医薬関係などの記事に富んでおり、この時期を知るための貴重な史料となっている。

まとめ

日記の『言国卿記』は、応仁の乱期を知る貴重な史料となる

三条西実隆《さんじょうにしさねたか》

生没◆一四五五～一五三七

室町時代を代表する公家文化人

【所属軍】

―

両親◆三条西公保・甘露寺房長の娘／兄弟◆三条西実連／正室◆勧修寺教秀の娘

三条西実隆は、内大臣公保《きんやす》の。兄実連《さねつら》が早世したため、一四六〇（寛正元）年、公保の死によって三条西家を継いだ。後花園《ごはなぞの》、後土御門《ごつちみかど》、後柏原《ごかしわばら》の三天皇に仕え、一五〇六（永正三）年に正二位、内大臣となるが同年辞任。

当時随一の学識の高さを誇り、飛鳥井雅親《あすかいまさちか》に和歌を学び、宗祇《そうぎ》から古今伝授《こきんでんじゅ》を受けて、一条兼良《かねよし》の跡を継ぎ中世和学の発達を推進した。茶道や香道、有職故実《ゆうそくこじつ》（武家をはじめ、朝廷や公家の行事や制度、習慣、儀式など）など多方面に通じ、能書家としても知られる。

また、一四七四（文明六）年～一五三六（天文五）年の六十三年間にわたる日記『実隆公記』は、当時の政治、社会、文化を知るための第一級史料となっている。

まとめ

高い学識で中世和学の発達を推進し、多方面に才能を発揮

COLUMUN　戦乱中の民衆の暮らしを覗いてみよう

民衆のくらし

武士たちが利得目当てで争いを続けるいっぽう、民衆のくらしが大きく変化したのも、この時代である。

室町時代になると、民衆のくらしはそれまでの鎌倉時代とは大きく変化する。

二毛作が行われるようになり、農具の発達、農業技術の向上などによって、生産性が向上した。

そのため、農業以外の仕事に就く人が増え、林業、漁業、鉱業、手工業も発達。さらに、これらの生産物を集めたり、売ったりするために商業も非常に進歩した。

いっぽう、荒れた世相を反映して、惣《そう》という自治組織が登場したのも、このころである。

それまで農民たちは、領地内にバラバラに点在して耕作を行っていたが、災害や戦乱などが起こったときに互いに助け合い、村全体で田んぼを守る惣を形成して自立するようになっていったのである。

人物名	所属軍	掲載頁（太字は立項頁）
た行		
たいきょく……太極	一	**139**
たがたかただ……多賀高忠	東	**071** 128
たけだくにのぶ……武田国信	東	**072**
たけだのぶかた……武田信賢	東	066 **068** 072
たけだもとつな……武田元綱	東→西	**072**
ちうん……智蘊	一	**136**
つついじゅんえい……筒井順永	東	**112**
とうつねより……東常縁	不詳	090 **137**
とおちとおきよ……十市遠清	東	**112**
とがしこうちよ……富樫幸千代	西	104 **113**
とがしまさちか……富樫政親	東	**104** 113
ときしげより……土岐成頼	西	021 090 **105**
ときまさやす……土岐政康	東	109 **113**
とくだいじきんあり……徳大寺公有	一	**140**
な行		
ながおかげはる……長尾景春	一	086 096 **114**
なんちょうこういんのきょうだい……南朝後胤の兄弟	西	**114**
は行		
はたけやまひさのぶ……畠山尚順	東	**045**
はたけやままさなが……畠山政長	東	018 032 035 036 042 045 056 **058** 059 060 061 ほか
はたけやまやさぶろう……畠山弥三郎	東	018 058 060 071 **073** 112
はたけやまよしとよ……畠山義豊	西	**073** 100
はたけやまよしひろ……畠山義就	西	018 032 033 045 051 058 059 **060** 061 069 073 ほか
はたけやまよしむね……畠山義統	西	**069**
はむろみつただ……葉室光忠	西	**042**
ひのかつみつ……日野勝光	中立	**028** 029 030 031
ひのとみこ……日野富子	西→東	018 019 024 028 **030** 031 036 039 040 041 046 ほか
ひのよしこ……日野良子	不詳	**046**
ふせひでもと……布施英基	不詳	**046**
ふるいちいんえい……古市胤栄	西	**105** 115
ほうじょうそううん……北条早雲	一	047 081 **094** 095 096 106
ほそかわかつひさ……細川勝久	東	**074**
ほそかわかつもと……細川勝元	東	018 019 020 **032** 033 034 035 042 043 047 076 ほか
ほそかわしげはる……細川成春	東	**074** 104 113
ほそかわしげゆき……細川成之	東	**062** 067 110
ほそかわつねあり……細川常有	東	**075**
ほそかわまさくに……細川政国	東	**047**
ほそかわまさもと……細川政元	東	021 036 **042** 044 045 047 063 073 074
ほそかわもちひさ……細川持久	東	**075**
ほねかわどうけん……骨皮道賢	東	**128** 129 137
ほんだまさやす……誉田正康	西	**115**
ま行		
まつだかずひで……松田数秀	不詳	**047**
みずしぼう……御厨子某	西	**137**
むらたじゅこう……村田珠光	一	048 **130** 131
や行		
やすとみもとつな……安富元綱	東	**076**
やましなときくに……山科言国	一	**140**
やまだそうちょう……山田宗朝	西	**115**
やまなこれとよ……山名是豊	東	**043**
やまなそうぜん……山名宗全	西	018 019 020 032 033 **034** 035 037 043 056 058 ほか
やまなとようじ……山名豊氏	西	**076**
やまなのりきよ……山名教清	西	**077** 078
やまなのりとよ……山名教豊	西	043 **077**
やまなまさきよ……山名政清	西	**078**
やまなまさとよ……山名政豊	西	**043** 064
ゆさながなお……遊佐長直	東	**116**
ゆさなりいえ……遊佐就家	西	**116**
ら行		
ろっかくたかより……六角高頼	西	023 **069** 070 080

この索引は、本書で取り挙げた120人の人物の読み方、氏名、所属軍を一覧にしたものです。

また、掲載頁中の太字は、その人物の立項ページを示します。

索引

人物名		所属軍	掲載頁（太字は立項頁）
あ行			
あかまつまさのり	赤松政則	東	026 032 037 **064** 088 089 104
あさくらうじかげ	朝倉氏景	西→東	**065** 108
あさくらたかかげ	朝倉孝景	西→東	050 **052** 053 057 065 070 088 092 093 101 108 ほか
あしかがしげうじ	足利成氏	—	067 **082** 083 084 085 086 096 097 106 108
あしかがちゃちゃまる	足利茶々丸	—	085 095 **106**
あしかがまさとも	足利政知	—	**084** 085 095 106
あしかがよしき	足利義材	東→西	021 030 031 **036** 042 044 045 046 071 100
あしかがよしずみ	足利義澄	—	042 **044** 095
あしかがよしひさ	足利義尚	西→東	018 019 020 021 **022** 024 026 028 030 031 032 ほか
あしかがよしまさ	足利義政	中立→東	018 020 022 **024** 026 028 029 030 032 037 038 ほか
あしかがよしみ	足利義視	東→西	018 019 **020** 022 024 027 030 032 036 037 042 ほか
あねがこうじもとつな	姉小路基綱	—	**138**
ありまもといえ	有馬元家	不詳	**037**
いけのぼうせんけい	池坊専慶	—	**138**
いせさだちか	伊勢貞親	不詳	020 024 **026** 028 045 056 057 092 094
いせさだむね	伊勢貞宗	不詳	**045**
いちじょうかねよし	一条兼良	—	022 **132** 133
いちじょうのりふさ	一条教房	—	**133**
いっきゅうそうじゅん	一休宗純	不詳	**120** 121
いっしきよしとお	一色義遠	西	**106**
いっしきよしなお	一色義直	西→東	**066** 068 107
いっしきよしはる	一色義春	西	066 **107**
いのおもとつら	飯尾元連	不詳	**044**
いまがわよしただ	今川義忠	東	**067** 094
うえすぎあきさだ	上杉顕定	—	**086** 087 096 097
うえすぎさだまさ	上杉定正	—	**096**
うえすぎふささだ	上杉房定	—	086 **097**
うらがみのりむね	浦上則宗	東	**088** 089
おおうちのりゆき	大内教幸	東	**098**
おおうちまさひろ	大内政弘	西	050 **054** 055 081 098 110
おおだちひさうじ	大舘尚氏	不詳	**038**
おおともちかしげ	大友親繁	東	**107**
おだとしさだ	織田敏定	東	**099**
おちいえひで	越智家栄	西	**100**
おやまもちまさ	小山持政	—	**108**
か行			
かいじょうち	甲斐常治	—	052 092 **101** 108
かいとしみつ	甲斐敏光	西	092 **108**
からすまるすけとう	烏丸資任	不詳	026 **039**
きくちしげとも	菊池重朝	東	**102**
きたばたけのりとも	北畠教具	東	020 **109** 113
きょうがく	経覚	西	**122** 123 124
きょうごくまさつね	京極政経	東	**070**
きょうごくもちきよ	京極持清	東	**068** 071 080
こうののりみち	河野教通	東	**109** 110
こうのみちはる	河野通春	西	**110**
ごつちみかどてんのう	後土御門天皇	不詳	**040**
ごはなぞのてんのう	後花園上皇	不詳	040 **041**
さ行			
さいとうみょうちん	斎藤妙椿	西	**090** 091 099 105 137
さいにん	西忍	—	**139**
さんじょうにしさねたか	三条西実隆	—	119 **141**
しばよしかど	斯波義廉	西	**056** 057 067 092
しばよしとし	斯波義敏	西	052 053 056 065 **092** 093 101 108
しばよしひろ	斯波義寛	東	**070**
しぶかわのりなお	渋川教直	西	**110**
しぶかわよしかね	渋川義鏡	不詳	056 **103**
しまづたつひさ	島津立久	東	**111**
しょうにのりより	少弐教頼	東	**104** 110
じょうしんいんこうせん	成身院光宣	東	**103** 112
じんそん	尋尊	不詳	**124** 125
じんぼうながのぶ	神保長誠	東	**071**
すぎはらそうい	杉原宗伊	—	**134**
せっしゅうとうよう	雪舟等楊	—	**126**
そうぎ	宗祇	—	119 134 **135**
そうさだくに	宗貞国	東	**111**
そうぜい	宗砌	—	134 135 **136**

執筆　応仁の乱研究会

編集制作　森岡ノリユキ、堀部廣和、上村大作ほか

編集協力　齋藤伸成

表紙デザイン　森岡ノリユキ

本文デザイン　図書設計（草野宅一、山辺ミカ）

本文イラスト　廣田雅之

［応仁の乱研究会］

応仁の乱に登場する人物に魅了された編集者とライターで構成。関連史料をもとに「応仁の乱とは何か」、「なぜ11年も続いた戦乱となったのか」を研究。また、嘉吉の乱をはじめ、各争乱の関連人物にも着目し、史料を収集。それらをもとに、分かりやすく解説する方法を模索している。

応仁《おうにん》の乱《らん》 人物《じんぶつ》データファイル120

2017年7月28日　第1刷発行

編　者　応仁《おうにん》の乱研究会《らんけんきゅうかい》
発行者　川端下 誠／峰岸延也
編集発行　株式会社 講談社ビーシー
〒112-0113　東京都文京区音羽1-2-2
電話 03-3943-6559（出版部）
発売発行　株式会社 講談社
〒112-8001 東京都文京区音羽2-12-21
電話 03-5395-4415（販売）
電話 03-5395-3615（業務）

印刷・製本所　大日本印刷株式会社

ISBN978-4-06-220725-6